子どもが心配

人として大事な三つの力

養老孟司
Yoro Takeshi

PHP新書

JN110351

まえがき

自分が子育てをしていた時期は、仕事で忙しく、そちらに気を取られて、子育てのことなどあまり考えたことがなかった。

個人の子育てではなく、社会的な問題として、子どものことを初めて心配だと思うようになったのは、昭和三十年代のころ、私が大学生だった時期である。いわゆる高度経済成長に伴って、具体的には「子どもの遊び場がなくなる」という問題があちこちで生じた。当時の私が見ていた子どもたちとは、私より十歳ほど下の年齢、いわゆる団塊の世代だった。もちろんこの世代は今では立派なお爺さん、お婆さんになっている。その後核家族化が進展し、少子化が進み、子どもたちの騒がしさが日常からしだいに消えていった。

いったい何が起こったのだろうか、私はそれを脳化社会と表現した。意識中心の社会を作ると、そこから自然は排除される。ヒトの自然の典型は身体と子どもである。脳化社会とは具体的には都市であり、都市と子どもは折り合わない。

そんなことを論じているうちに、少子化の進展と同時に、自殺の問題が生じた。高校生くらいの子どもを持つ親に聞くと、「なぜ死んじゃいけないの」と言われるという。私も高校生から同じ質問を受けた。自分の人生は自分のもの、それを自分で左右して何が悪いということらしい。まことに返答に困る状況である。十代から三十代まで、若い世代の日本人の死因の一位を占めるのは、自殺である。

私は三十年以上、鎌倉市内の保育園の理事長を務めてきた。そうなったのは単なる行きがかりだが、おかげで長い間、子どもたちのことを考える機会に恵まれてきたと思う。八十代の半ばに達した爺さんが、いまさらながら子どもが心配になって、いろいろな方にお話を伺いたいと考えた。ＰＨＰ新書編集部の西村健さんが企画してくださり、その結果、日常子どもたちに接している四人の碩学《せきがく》が対談に応じてくださることになった。貴重な勉強の機会を得て、私だけが聞くのではもったいないと思い、その結果がこの本になった。

サブタイトルの三つの力というのは、宮口幸治先生が重視される、学びのための根本的な能力「認知機能」、高橋孝雄先生と小泉英明先生が共におっしゃった「共感する力」、高橋和也先生が自由学園の教育で目指している「自分の頭で考える人になる」ことを指す。「三つの力」は西村さんがまとめてくれたもので、最初からそれについて話すということを意図したわけではない。親という立場からすれば、子どもになにかの力を身につけさせたいと思うかもしれないが、子どもは自然であって、自然はひとりでに展開していくものであろう。現代人はそこを自分の考えでなんとかしたがるわけだが、その傾向が少子化を生み、いわば若い世代を不幸にしていっているのではないかとすら思う。四人の先生方それぞれに子どもたちが自然に十全に育っていくことを願っておられるように思えた。大人にできることは、その環境を用意することであろう。とはいえ、モノが十分にあればいい、ということではない。オリーヴの若木に十分な肥料を与え過ぎると、樹齢数百年という老木にはならないという。思えば当然で、わずかな栄養を必死で摂ろうとするからこそ、根が広く伸びる。

それぞれの先生がたのお話は、明快であって、難しいものではない。それはお読みいただければわかると思う。ああしろ、こうしろという具体的な指示や処方が書かれているわけではない。考え方の基本が語られているだけである。その先の具体的なことは自分で考えなさいということになる。

本書が真剣に日本の未来、子どもの未来を考える人たちの参考になれば幸いである。

養老孟司

子どもが心配

人として大事な三つの力

目次

第一章 「ケーキが切れない子ども」を変える教育とは

宮口幸治×養老孟司

第二章

日常の幸せを子どもに与えよ

高橋孝雄×養老孟司

第三章

子どもの脳についてわかったこと

小泉英明×養老孟司

第四章

自分の頭で考える人を育てる
——自由学園の教育

高橋和也×養老孟司

第一章

「ケーキが切れない子ども」を変える教育とは

宮口幸治×養老孟司

MIYAGUCHI Koji ／ YORO Takeshi

【宮口幸治　みやぐち・こうじ】　立命館大学産業社会学部・大学院人間科学研究科教授。医学博士、児童精神科医、臨床心理士。京都大学工学部卒業、建設コンサルタント会社勤務ののち、神戸大学医学部医学科卒業。大阪府立精神医療センター、法務省宮川医療少年院、交野女子学院医務課長などを経て二〇一六年より立命館大学教授。困っている子どもたちを教育・医療・心理・福祉の観点で支援する「日本COG－TR学会」を主宰。著書に、七〇万部を超えた『ケーキの切れない非行少年たち』、続編の『どうしても頑張れない人たち』（以上、新潮新書）のほか、『1日5分！　教室で使えるコグトレ――困っている子どもを支援する認知トレーニング122』（東洋館出版社）など。

本当に困っている子どもは病院に来ない

――最初に、もともと児童精神科医として大阪の公立精神科病院に勤めておられた宮口先生が、医療少年院に勤めるようになったきっかけを、教えていただけますか？

宮口　直接のきっかけは、本当に困っている子どもたちに対して、精神科病院でできることには限界がある、と知ったことです。

そもそも家庭や学校でうまくいかないことがいろいろあって困っている子どもたち――なかでも非行化するような子どもたちの多くは、病院に来ないんです。逆に言えば、病院に来るのは、保護者や誰かしら支援者がいて、連れてきてもらえる子どもたちだけなのです。

病院に来てくれさえすれば、そこで医療は成り立ちます。でも連れてこられない子どもたちは、病院とは縁のないままに放っておかれてしまいます。それでどうなっていくかというと、さまざまな問題行動を起こすようになり、しまいには何かの事件の加害者になって警察に逮捕されることもある。それで少年鑑別所などに収容され、初めて「ああ、この子にはこういう障害があったのか」と気づかれる。これでは病院の出る幕はありません。

　また、たまたま病院で診察することができれば、心理検査を行うなどして、医師はその子どものどこに問題があるかがわかります。ただ残念ながら、見立てが終わったあとは医師ができることは実はあまりない。患者さんが多すぎて時間が取れないこともあり、投薬治療をするか、心理士にカウンセリングをしてもらうか、しばらく様子を見るか、いいところを見つけて自信を持たせてあげるか。その程度のことしかできないのです。

　もちろん家庭がしっかりしていれば、だんだん落ち着いてくる場合もありますが、非行が絡むところまでいくと、病院ではもう太刀打ちできません。入院させたところで根本的に解決できないし、治療のツールが限られているのです。

　無力感に囚われると同時に、自分にもどうすることもできないのに、「こうすべきではないか、ああすべきではないか」と、評論家のようになっていく自分自身にも嫌気がさしました。

　それで、病院で治せない非行少年たちはどうなっているのかを調べたところ、一部は医療少年院という施設に集められていることがわかりました。その実態を知りたくて転身した、というわけです。

養老　病院が無力であるということ、よくわかります。知り合いに、横須賀で「なんとかなる」というNPO法人を主宰し、問題のある子どもたちを預かっている岡本昌宏さんという方がいらっしゃいます。彼は本業はとび職なのですが、「病院が患者さんとして診ても、できることは何もない、自分のもとに置いてトータルに生活の面倒をみていくしかない」と言っていました。具体的には、仲間に入れてやって、大工仕事や農作業などに取り組んでもらうという活動をされています。

宮口　「なんとかなる」の岡本さんには私もお目にかかったことがあります。大変アクティブな方で、わざわざ大学まで私を訪ねに来られましたね。

養老　そうでしたか。岡本さんは、完全にボランティアなんです。こういう社会活動は、めんどうくさいし、お金にならないしで、引き受けようという人は少ないのが現状でしょう。

いま、知的に問題があるとされている子どもは、学校の特別クラスのようなところで授業を受けているようですが、本来はそういう子どもたちのための学校をつくるべきだと、私は思いますね。

ケーキを三等分できない子どもたち

――医療少年院で出会った非行少年たちは、宮口先生の目にどのように映りましたか？

宮口　たとえば「ゲームを買うお金が欲しいというだけで、何の関わりもない人を刺して、お金を奪った」「どうでもいい、つまらないことでケンカをして、兄弟を刺した」「ちょっと注意されただけで、先生を刺した」「幼女に性的暴行をした」「自分の家に放火して隣人を殺してしまった」など、いわゆる凶悪犯罪に走ってしまった少年たちがたくさん来るところなんです。テレビや新聞などで事件だけを見ると、誰もが「とんでもないことをする、恐ろしい少年だな」と思いますよね。私も医療少年院に赴任するまではそうでした。

ところが彼らと実際に会ってみると、凶悪犯罪からイメージする人物像とまったく違う。むしろふつうの少年たちで、どちらかというとおとなしく、「社会的弱者」という感じ。そのギャップのすごさに衝撃を受けました。

そんな少年がどうして凶悪な事件を犯したのか。突き詰めていくと、「学校の勉強についていけなかった」ことが大きな原因の一つだったと考えています。ほかにも「友達ができない」「友達がいた経験がない」「いじめられた」「家庭で虐待された」など、さまざまな理由があるにせよ、やはり根っこに「学業で挫折した」ことがあると感じたのです。

だいたいの子は小学校二年生くらいから、勉強についていけなくなりました。それには理

図1

図形の模写

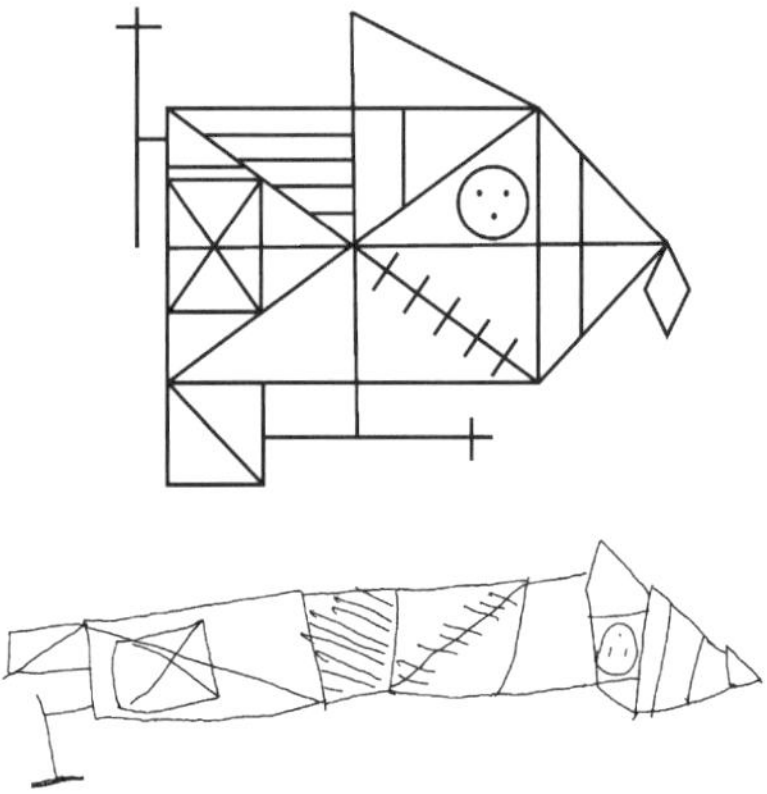

（少年が描いたものを著者が再現）

図2

丸いケーキを三等分

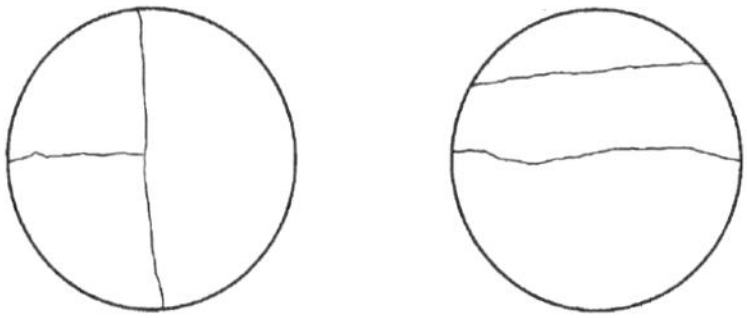

丸いケーキを五等分

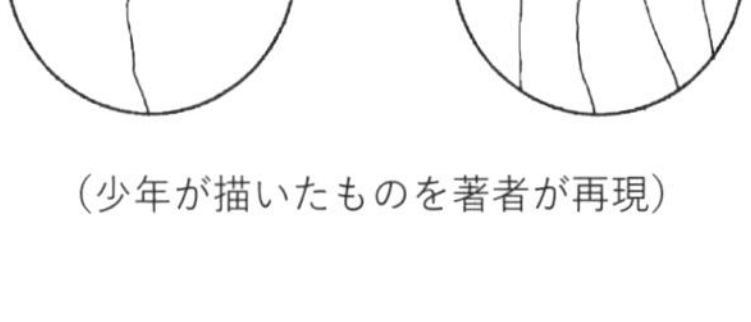

（少年が描いたものを著者が再現）

由がありました。診察のときに図形の模写をやらせてみると、まったくできないのです（図1）。

さらに、「丸いケーキを三等分した図を書いてください」「五等分した図を書いてください」と言うと、図2のような切り方をします。

明らかに「見る力」などの認知機能や知的能力に問題があるのに、学校で気づかれないまま、ずっと放置されてしまった。非行化しないほうが不思議なくらいの状況に置かれていた、ということです。

病院では、ここまで認知機能の弱い子どもに会ったことがなかったので、驚愕するとともに、「病院に連れてきてもらえる子どもたちは、まだ恵まれているんだな」と思わざるをえませんでした。

勉強についていけなくなることが分岐点になる

宮口　非行化の分岐点は「勉強についていけるか、いけないか」と感じます。勉強についていけないから、学校がおもしろくなくなる。学校をサボりがちになり、常にイライラした感情を抱えるようになり、友達もできず、悪いこと（万引きや窃盗など）に手を出してしまうようになるのです。

『ケーキの切れない非行少年たち』でも述べましたが、非行少年の特徴は、以下の「五点セット＋1」にまとめることができました。非行少年の特徴は、これらの組み合わせのどこかに当てはまると思います。

・認知機能の弱さ……見たり聞いたり想像したりする力が弱い
・感情統制の弱さ……感情をコントロールするのが苦手。すぐにキレる
・融通の利かなさ……何でも思いつきでやってしまう。予想外のことに弱い
・不適切な自己評価……自分の問題点がわからない。自信がありすぎる、なさすぎる
・対人スキルの乏しさ……人とのコミュニケーションが苦手
・＋1　身体的不器用さ……力加減ができない、身体の使い方が不器用（スポーツなどを経験している子どもの場合は当てはまらないことも多いので、「＋1」としました）

学校がおもしろくなくなって、学校に行かなくなったり、他人とコミュニケーションをとることを避けたりするようになると、感情統制を行う力、融通を利かせる力、対人スキルが育つ機会も失われ、自己評価も歪《ゆが》んだものになります。ですからまず、認知機能が弱い子、知的能力に問題があると見なされる子に対しては、学力支援を行うことが重要になってきます。

精神科では「知的障害」はほとんど扱わない

養老　私もご著書『ケーキの切れない非行少年たち』を読ませていただきまして、一般社会から置いてけぼりを食っている子どもたちが相当数いることを改めて認識しました。知らないわけではなかったのですが、認知そのものに問題があるところまでは思い至っていなかった、というのが正直なところです。

懸念されるのは、これから社会がますますシステム化していくなかで、置いてけぼりにされる子どもたちがより増えていくと予想されることです。

私の言う「システム化」とは、「ああすればこうなる」と決めつけて、その原理に合わない存在や考え方を排除する力が働いている集合体を意味します。そのシステムからすると、認知機能に問題のある子どもは〝ノイズ〟になってしまうのでしょう。

だから精神科の医師が診察しても、どの診断基準にも当てはめることができない。枠からはみ出したところに問題があっても、ノーカウントとされるのだと思います。

宮口　そうなんです。精神科病院ではもう、ＩＱ七〇〜八四が当てはまるとされる境界知能や、ＩＱ七〇未満が該当するとされる知的障害などの領域だけでの診察は基本的にないですね。保険の点数がつかないこともあって、診療の対象にならないのです。境界知能や知的障害の子どもの特徴のことは、一般の医師はもちろん、精神科医もなかなか知る機会がないと言っていいでしょう。

医師が不勉強というより、「そもそも認知機能に問題のある子どもに出会えない」というのが実情です。知能だけではなく体にも病気や障害があれば、小児科や身体科の先生に出会えますが、知的障害だけだと医療との接点が持てないわけです。

そういう子どもたちが、犯罪など、何か問題行動を起こしたとしても、やはり医療は関係なくて、今度は司法が出てくるのです。

養老　精神科病院も、「知的障害」が実際に存在していることはもちろん認識しているはず。

しかし事実上、彼らのシステムのなかには入っていないということですね。

でももちろん、現実的には「そこにいるけれど、いないことにする」ことはできません。自然界で起こることに基づいて考えるとそのことがよくわかる。野菜を一生懸命つくったのに、虫に食べられてしまったとします。そのとき、「どうして虫なんて出るんだ」と言ってもしょうがない。

私がよく都市を批判するのも、都市には大勢の人が集まってくる分、社会がシステム化されて、一定の枠からはみ出す人を排除しようという感覚になりやすいからです。東南アジアに行くとよくわかります。システムからはみ出した人たちが、必ずスラム街をつくっていますよ。

宮口　なるほど、だから都市に入れない人がスラムに居場所を求める、ということですね。

養老　そうです。スラムなら、なんとか食っていけるから。

ＩＱを測る意義とは

宮口　先ほど述べた「境界知能」「知的障害」の定義ですが、時代によって「ＩＱ八五未満を知的障害」としていたこともあるのですが、その定義だと全体の一六％くらいが相当します。それではあまりにも人数が多すぎるというので、七〇未満に下げられました。

ここで気づいてほしいのは、定義を変えたところで、現在でいう境界知能の子どもたち（ＩＱ七〇〜八四）は依然として存在している、ということです。彼らは知的障害者と同じようにしんどくて、支援を必要としている可能性だってあるのです。

養老　ただ、私は昔からＩＱなんてものは信じていませんね。何を測っているのか、よくわからない。

宮口　おっしゃる通りです。そもそも「人の知能」という概念がまだはっきりわかっていないのですから、曖昧な指標だといわざるをえません。現在の子ども用のＩＱ検査は、ＷＩＳＣという検査が主。それも四つの指標で、合計一〇個の検査しか行われていないので、あまり当てになりません。

ただ知的障害の子どもを見つけることやその子の知的水準を知ることにおいては、意義があると思っています。知的障害があるのに気づかれずに通常学級で勉強を受けさせられるのは、悲劇でしかないので。たとえば滋賀県で、看護助手の冤罪《えんざい》事件というのがありました。彼女は男性患者を死亡させたとして有罪判決を受け、懲役十二年の刑に服しました。ところがそのあとで「担当刑事に恋をして、気に入られたいために虚偽の自白をした」ことが判明したのです。実は彼女には軽度の知的障害があったことも、そのときにわかりました。小中学校の先生たちはまったく気づかなかったといいます。

また数年前、就活中の女子大生が羽田空港の多目的トイレで女児を出産し、殺してしまう事件が起きました。彼女は「ひょっとしたら軽度の知的障害に入るかもしれない」レベルだったといいます。それなのに完全な責任能力があるとして、有罪判決を受けたのです。こうしたことは大きな問題だと思いますね。

養老　ＩＱには、どうしても点数の高いほうが注目されて、低いほうは問題にされない傾向があります。宮口先生がおっしゃった悲劇を招かないためにも、「高いほうは全部無視」くらいのことをしたほうがいいかもしれません。

宮口　現実問題、学校ではＩＱ検査はほとんど行われていないのですが、とにかく一番の悲劇は、知的障害が見逃されてしまうこと。学校の先生方に知的障害児をしっかりキャッチする機会が少ないことも問題です。障害児を見逃さない教師をどう育てるか、教職課程の今後の大きな課題だと思います。

認知機能に問題があることに気づく方法

宮口　知的障害と同様、学校で認知機能が弱い子を見逃さないことも非常に重要なことです。子どもたちが困っている、そのサインに早く気づいてあげることが、支援の第一歩だと思います。

厄介なのは、学校のテストの点数を見ただけでは、なかなか判断しづらいことです。テストの点数というのは、基礎的な認知の力はもとより、学校でいろいろ覚えたこと、本人のやる気、親の経済力をはじめとする家庭環境など、さまざまな要素が絡んで、総合的にアウトプットされたものだからです。

もちろんテストの答案用紙を見れば、繰り上がりの計算ができないとか、文章題の内容が理解できていないとか、何ができないかはわかります。でもほとんどの親も教師も、その根本原因がどこにあるかがわからないと思いますね。

そこで私は、認知機能の弱さに原因がある場合もあることを見つけ、さらにそれを改善するために、「コグトレ」という教材をつくったのです。

養老 ご自分でつくられたんですね。

宮口 ええ。最初は、認知機能を鍛える教材はないかと、日本はもとより世界中の文献を探し回りました。

まったくないわけではないんです。「見る力」をトレーニングするにはこの教材、「聞く力」にはあの教材、というふうにバラバラに扱っている教材はたくさんあります。ただ、あらゆる面から総合的に認知能力をトレーニングしようとすると、一人当たり何十冊も揃えなくてはならない。数万円の高額な教材になってしまうのです。

これを学校単位で導入すると、数百万円の経費を計上しなくてはなりません。それは現実的ではないから、「ならば自分でつくろう」と思ったわけです。「コグトレ」は、英語の「Cognitive（コグニティブ＝認知）」と「Training（トレーニング）」の頭の字をとったものです。

養老 なるほど。どのような内容のものでしょう。

宮口 そんなに特別な内容のものではありません。簡単に言うと、たとえば「簡単な図形を写せない子どもがいたら、写せるようにしてあげる」「五〇まで数えられない子がいたら、数えられるようにしてあげる」「短い言葉を復唱できない子がいたら、復唱できるようにしてあげる」といったものです。

概要をざっと説明しておくと、「コグトレ」は学習面、社会面、身体面から子どもを包括的に支援するプログラムで、たとえば学習面であれば、認知機能の五つの要素——「記憶」「言語理解」「注意」「知覚」「推論・判断」を網羅するよう構成されています。このうちどれか一つでも欠けると、学習に支障が出てくるのです。

例を二つほどあげると、「見る力」を養う問題に、点をつないで図形を書き表すものがあります。これができる子どもは、漢字の構造の特徴をしっかり見て覚えられます。

また「注意力」を養う問題に、ワークシートにあるたくさんの記号のなかで、特定の記号にチェックを入れて、全部でいくつあったかを答えるというものがあります。正解は五〇個程度なのですが、数えられない子どもがかなりいます。一個見落とす程度の子なら、ちょこちょこ見られますが、五個も六個も見落とす子が一クラスに五人ほどいるのです。この種の問題は三〇種類以上あるので、集中してミスなく見つけ、数えられるようにトレーニングを重ねてもらうようにしています。

養老　コグトレは主に少年院で活用されているのですか？

宮口　はい。まず、少年院や障害者施設で生活している人を対象にした医療用・福祉用のトレーニングで、「一日六十〜九十分、週数回」という使い方をしてもらうための教材をつくりました。

その後、学校の教材としても使いたいというお声をいただいて、『1日5分！　教室で使えるコグトレ』をつくりました。朝の始業の前とか、授業が終わった夕方などに五分でできるトレーニングで、週五日・三十二週間で終わるよう構成されています。すべての子どもが授業についていけることを目指しています。

ほかにも「漢字コグトレ」「英語コグトレ」「さがし算」など、さまざまなバリエーションがあります。用途に応じて活用いただければと思っています。

保育園で気になった四枚のカレンダー

養老　かつてある保育園の理事長を務めていたときに、園児たちが「カレンダーの四週間分のマス目に、数字が書かれた紙を糊で貼る」という単純な作業をするところを見学する機会がありました。
そのとき、百数十人の園児のなかで四人くらい、きちんとマス目を埋められない子がいました。マス目からはみ出したり、数字が傾いたりしてしまうんです。

その四枚のカレンダーを選んで、「この子たちはどういう子どもですか？」と聞いたところ、「よくわかりましたね。実は四人とも、知的能力に問題のある子どもたちです」とのことでした。

宮口先生のいまのお話を聞いて、「ああ、こういうテストを使えば、ある程度、子どもを選別できるな。でも、下手に使うと、保育園時代から子どもを差別することにつながりはしまいか」というふうに感じたことを思い出しました。

宮口　養老先生のおっしゃる通り、「コグトレ」を用いることが、子どもの孤立やいじめにつながるのは絶対に避けなければなりません。ただ少なくとも、子どもに何か学習上のつまずきがあるかどうかを見つけ出し、「ひょっとして認知機能の弱さに問題があるのではないか」と疑われた際には、コグトレを用いるのが効果的だと思っています。
ただし幼稚園児や小学校低学年の子どもには、認知機能に問題があってもなくても、やる意味はあります。文字通り認知機能を向上させる「トレーニング」になるし、子どもたちもおもしろがって「楽しい、楽しい」と取り組みますから、そのくらいの時期にトライしてもらうこともとても大事だと考えています。

「褒める教育」への疑問

養老　認知機能の弱い子が目の前にいるのに、その実態をきちんと把握してなんとか学校の勉強についていけるように助けてあげようとしない。それは日本という国にある、ある種特徴的なことかもしれません。

宮口　私も、学校の関係者がこの問題に積極的に介入してこなかったことが不思議でしかたありません。

「コグトレ」の目的は「学習の土台をしっかりつくり、ちゃんと授業を受けられるようにしてあげる」ことです。トレーニングを続けて、「それまでできなかった問題ができるようになる」という結果が得られれば、学校のテストの点数が取れなかった子の成績も平均点にぐっと近づく。そういう効果が得られるはずです。

養老　子どもだって、ついさっきまでできなかったことができるようになると、素直にうれしいですよね。自転車や鉄棒の蹴上がり（逆上がり）などもそうですが、なかなかできなかったことを成し遂げたときの達成感は格別でしょう。

宮口　同感です。子どもにとって、できないことができるようになるという体験は、学習の根本、生きる喜びとすら言えますね。そうした体験を重ねることで、子どもの学習意欲は高まっていくのでしょう。

その一方、私は現在もてはやされている「褒める教育」には疑問を持っています。何かの原因で困っている子どもを支援する案として、「子どものいいところを見つけてあげて褒める」というのは定番ですね。問題行動を起こすことの多い子どもは、どうしても悪い面にばかり目がいきがちですから、意識的に良い面に注目してあげるのはいいことです。また子どもだって、叱られるより褒められたほうがうれしいでしょうから、行動が改善されていくかもしれません。だから褒めること自体はいい。

問題は「褒め方」です。たとえば勉強ができなくて困っている子に、「気持ちがやさしいね」とか「走るのが速いね」など、まったく違うことで褒めても、問題解決にはつながりません。一時的に「勉強をがんばろうかな」という気持ちになるかもしれませんが、その効果が長続きすることは望めないのです。

あるいは「とにかく褒めればいい」とばかりに、とりたてていいところでもなく、できて当たり前のことに、何でもかんでも「すごいね」「上手だね」と褒めたところで、効果は疑問です。子どもにだって「心にもないことを言っている」とわかりますから、シラけるだけでしょう。

そういった褒め方は、問題を先送りしているとしか思えません。それでもし勉強についていけない状態が棚上げにされるなら、ある意味、支援者が障害をつくり出していることにもなりかねないと思うのです。

養老　私も、学生を教えていたころは、あまり褒めたことがないですね。

宮口　そうですか。日ごろ褒めない先生が、ごくたまに褒めると、心にすごく響くんですよね。いつもいつもだと、子どもも〝褒められ慣れ〟するのか、喜びもしないと思います。つまり子どもにとっては、「どんなタイミングで褒められるか」「誰から褒められるか」が大事。そこに教育効果が得られるかどうかを左右するポイントがあるのだと思います。

好かれる先生になるためには

宮口　もっと言えば、褒めることで効果があるのは、「自分の尊敬できる好きな先生」からのものです。自分の嫌いな先生に褒められても、うれしくもなんともないけれど、たとえば私は、養老先生に褒められたら、とてもうれしい。その意味では、先生たちは「子どもを褒める」より先に、「子どもに尊敬される」「子どもに好かれる」先生になるように努めるべきでしょう。

――好かれる先生になるためには、どうすればいいのでしょう。

宮口　まず、子どもの名前をフルネームで言えるようになることです。

養老　たしかに、それは大事です。私が通っていた栄光学園の校長先生は、神父さんですけど、新入生が決まると、写真と照らし合わせながら全員の名前を覚えていました。だから新入生たちは入学してきたその日に、校長先生から「○○君」と話しかけてもらえる。新入生は驚きつつ、喜びを覚えるでしょう。

宮口　そういうことですよね。何も特別なことではなく、名前を覚えて、顔を合わせたらまず「○○さん」と呼びかける。挨拶《あいさつ》をされたら、挨拶を返す。子どもにとって最近何か特別なことがあったら、そのことをしっかり覚えている。そうした基本的なことの積み重ねで、教師と子どもの間に好ましい関係がつくられるのだと思います。

養老　あと、子どもだからといって軽視せず、まともに相手をすることも大事でしょう。無理して褒めてもしょうがない。それよりも本気になってつき合う。大人がきちんと向き合えば、褒めなくたって子どもは喜ぶし、いい反応を見せると思いますね。

先ほど述べた栄光学園は、戦後すぐの一九四七年にできた学校でした。私は四期生になります。できたばかりの学校だったということもあるのでしょう、私は栄光学園の先生の本気の思い、情熱を如実《にょじつ》に感じながら学校生活を送りました。

また宮城県に、当時の栄光学園に似た雰囲気の学校があります。東松島市立宮野森小学校です。二〇二〇年に亡くなった作家のC・W・ニコルさんの財団が援助して、震災後の二〇一六年に開設された小学校です。校舎が木造で、裏山全体が校庭になっている。最近卒業生が出まして、彼らを調査してみると、学力は決して全国平均より高くなかった。でもちょっと違っていたのは、「将来の夢」を持つ子がとても多かったそうです。「将来、世の中の役に立つことがしたい」と語った子の率が、非常に高いんですよ。

彼らには、震災後にニコルさんなどの真摯《しんし》な思いによって生まれた学校に通わせてもらって、目をかけてもらえたという感謝の思いがあるのではないでしょうか。教育者の情熱を感じ、本気でつきあってくれたということに感謝することで、自分も世の中に貢献したいという意志を持つようになるのでしょう。

「でも、あなたにも問題があるんじゃないの？」というセリフの危険性

――先ほど、子どもの問題行動に気づくことが大切だというお話がありました。どのように観察すればいいか、アドバイスをいただけますか？

宮口　子どもを観察するときは常に子どもの目線に落として、何に困っているのかを見る、ということに尽きますね。〝子ども目線〟で何に困っているかを考えると、必要な支援が見えてきます。

――子どもの話を聞くときも〝子ども目線〟が必要ですか？

宮口　それもありますが、もっと大事なのは「子どもの話をちゃんと聞く」ことです。子どもに限らず誰が相手でも、みなさん、人の話ってあまり聞かないですよね。自分では聞いてあげているつもりでも、しょっちゅう口を挟むものです。

特に子ども相手だと、話がなかなか進まなかったりするので、つい焦って、ろくすっぽ聞かずに遮《さえぎ》ってしまいがちです。

そのうえ「ああ、そうだったの。でもあなたにも問題があるんじゃないの？」みたいなこ

とを言ったら、一発アウトです。子どもは自分の話を否定されたことで、大人が思っている以上に傷つきます。最悪、非行の原因になることすら、ありうるのです。

子どもにしてみれば、親や先生からコメントが欲しいわけではない。ただ話をちゃんと聞いて、自分のことを受け入れてもらいたい、それだけです。

ですから口を挟まないだけではなく、「ちゃんと聞いているよ」というサインは出さなくてはいけません。相槌《あいづち》を打ってあげたり、オウム返しにしてあげたり、「大変だったね。しんどかったね」と声をかけてあげたりすると良いかと思います。

養老 心理学者の河合隼雄先生は「臨床心理士が患者さんの話を上手に引き出す秘訣は何ですか?」と問われると、「相槌の打ち方です」と答えていました。

宮口 深い、深いですね。相槌にもいろいろありますから、おざなりに相槌を打てば、「あ、聞いてないな」とバレますよね。

養老 逆に相槌一つで、「あなたの話を聞いていますよ」「同意していますよ」「あなたを受け入れていますよ」というサインを送ることもできる。

宮口 そうなんです。子どもの目を見て、しっかり相槌を打ちながら、とにかく真摯に話を聞いてあげることが第一です。

それで子どもが「お父さん、どう思う？」とか「先生、どうすればいいと思う？」などと相談を投げかけてきたら、そのとき初めて答えてあげればいいと思います。

子どもの話はまどろっこしく感じられるものなので、大人としてはどうしても口を挟みたくなるものです。難易度は高いとは思いますが、そこは子どもが自分の頭で一生懸命考えて話しているのだからと信頼して、つき合ってあげてほしいですね。

感情をコントロールするには

――認知機能が弱いと、感情をコントロールするのが難しくなりますね。親や教師はどのように支援すればよいでしょうか。

宮口　感情統制に問題のある子には、タイプが二つあります。一つは、自分の感情がコントロールできない。もう一つは、人の気持ちが理解できない。大人はまず、その子どもがどちらのタイプなのかを判断するところから始めるといいでしょう。

感情をコントロールすることを教えようと思った大人がやりがちなのは、「いま、どんな気持ち？」などと質問し、子ども自身に自分の気持ちを言わせることです。これは、やめたほうがいいですね。

逆の立場で考えると、よくわかります。事あるごとに「あなた、いま、どんな気持ちですか？」と聞かれたら、誰しも答えたくないですよね？　失敗したり、間違ったことをしたりしたときなどはなおさら、自分の気持ちを言葉にするのはしんどいものです。そんなしんどいことを子どもにやらせても、ろくなことにはならない。

けれども、ほかの人を見て、「あの人はいま、どんな気持ちだと思う？」と尋ねると、意外と答えられるものです。

ですから、まず「人の気持ちを言う」練習から始めるのがいいと思います。そこから「感情」というものに向き合うようになればいい。

この練習は、認知能力のレベルにかかわらず、感情のコントロールの苦手な人全般に応用できます。そもそも、感情のコントロールは大人にとっても容易なことではなく、賢い人のなかにも怒りっぽかったり、すぐに泣き出したり、機嫌が悪くなったりするなど、苦手な人はいくらでもいます。

養老　私も若いころは感情のコントロールが苦手でした。人の感情がわからないこともありました。それではいけないと、大人になってから勉強したと言いますか、努めて相手の気持ちを考えるようにしたんです。

　でもやりすぎたのか、逆に相手のことを過度に考えるようになってしまいました。それはそれで良くない。人間関係で一番重要と言ってもいい、相手とうまく距離を取ることができなかったのです。

　私が臨床医になりそびれたのも、そこら辺に問題があったからかもしれません。本当は精神科に進みたかったんですが、患者さんと親しくなりすぎちゃう、なつかれちゃうところがあって、向いていないとあきらめました。

　それに患者さんに感情移入しすぎると、死なれたときに大変に辛い。苦しい。極端な話、自分が殺したような痛みすら覚えます。結局、解剖医になったので、私の診る人はすでに亡くなった方ばかり。そこからおつき合いが始まるわけで、相手が何も反応しない分、安心して向き合うことができたような気がします。

　ところが、私は患者さんが自然死を迎えるだけでも辛いのに、世の中には安楽死の幇助《ほうじょ》をする医師もいます。私は長年、そうした医師はどんな気持ちで安楽死に向き合っているのか、疑問に思っていました。それでオランダで安楽死に取り組む医師の書いた本を読み、何度か対談もさせていただいたんです。でも十年後、オランダまで訪ねていったら、「もう安楽死の幇助はやっていない」と言っていました。

彼は自分が見送った患者さんのことを丁寧に記録するうちに、だんだんと記憶が重いものになり、耐えきれなくなったのでしょう。あくまでも「幇助」とはいえ、殺したことに対する罪悪感は拭《ぬぐ》えないですよ。

宮口　私は少年院で、殺人を犯した少年とも接していました。なかには「あいつが悪いんや。だから僕も刺したんや」と事の重大さをわかっていない少年もいましたが、でも軽度の知的障害とか境界域の子どもたちだったら、さすがにかなり反省しますね。

本当はみんな、自分自身からは目を背けたい

宮口　さらに、子どもの精神面に関して言えば、少年院には妙にプライドが高い子とか、根拠なく自分に自信を持っている子、逆に極端に自分に自信のない子がよく見られます。これは適切な自己評価がなされていないことの裏返しとも言えます。そこを改善するにはやはり、「自分を知る」ことがポイントなのですが、それはとても難しいことです。

認知機能の弱い人だけではなく、大多数の人は本音を言えば、「素の自分なんか知りたく

ない。できれば目を背けていたい」のではないでしょうか。それはそうです、誰だって品行方正なばかりではないし、長所もあれば短所もある、人に知られたくないことだってあるでしょう。無意識的に自分から目を背け、そのために「自分のことを棚に上げて、人を悪く言う」ようなことも起こります。

でもそこに、「自分を知る」ヒントがあります。人のことをあれこれ評価するうちに、「あれ、自分はどうだろう。こんな人間かな」と気づいてくるのです。人のことを評価する力がつくにつれて、自然と自分自身のことを客観的に評価できるようになるのでしょう。

また、自分が言ったこと、行ったことについて、相手がどんな反応を示すのかをフィードバックして、自分自身を知る、という方法もあります。たとえば相手から笑顔が返ってきたら「あ、好かれてるのかな」、逆にムッとして不機嫌なままだったら「嫌われたかな」と思う。そこから「自分には相手に好かれるこういうところがある。こういうところは嫌われる」と気づくようになります。

そうした〝フィードバック経験〟を重ねながら、相手との関係のなかで自分はどんな人間なのかがわかるようになります。無人島で一人暮らしをしていたら、自分がどういう人間なのかなんて、わかるわけありません。

ただ、「相手が笑っているのに、怒っていると思い込む」ようなことがあるなら、それはフィードバックが正しくできていないということ。認知機能の弱さが関連しています。自分を正しく知るためには、やはり認知機能が必要なのです。

少年院に来る子どものなかには、仲間のなかで下に見られて〝パシリ（使い走り）〟扱いされたり、いじめられたり、命じられて悪いことをやらされたりしていたために、たとえば「悪いことをすると、よくやったと悪友から褒められる」など、自己評価が歪められているケースが少なからず見られます。そうなってしまうと、自分を正しく知ることが非常に難しくなると言わざるをえません。

人との関係のなかで自分を知る

宮口　では、どうすれば自分を正しく知る力を養うことができるのか。効果的なのはグループワークですね。数人のグループで互いを観察していると、だんだん自分がどんな人間であるかがわかってくる。そのプロセスを経験させることがポイントです。繰り返すうちに、自分のなかに「人を見て自分を知る」仕組みが構築されていくはずです。

養老　たしかに自己評価というのは、非常に難しい。ロビンソン・クルーソーなら、自分はあってもなくてもいいけれど、社会では他人があるから自分もある。だから自己評価が必要になってくるのでしょう。

もっともこの間会った禅宗のお坊さんは、「仏教には、自分なんかありません」と言っていました。とはいえ「無我」というのは、「自分という実体はないけれど、関係のなかで認識できる」ことを意味しますから、「人を見て自分を知る」のは理にかなっていますね。

それにしても日本では、明治維新以後に急に自分という存在が表面に出てきた感がありますす。どうしてかなと考えていて、これは一神教の世界の影響かもしれないと思い至りました。この世の終わりに神さまがすべての人を裁く「最後の審判」というのがあって、それゆえに生まれてから死ぬまでのすべての行動を背負っている「自分」が存在していなければならない。そうでないと、審判が受けられないからです。

生きている間はずっと、「自分とは何者であるか、何を考え、何をなすべきか」を考えざるをえないんですね。

本当は、自分のことなんかあんまり考えないほうが、ハッピーでいられるような気もします。

でも、宮口先生がおっしゃるように、罪を犯した場合は、辛くても自分と向き合わなければならない。

宮口　そうですね。罪を犯した、悪いことをした「自分」は、こういう悪いところのある人間なんだと向き合ってもらわなくてはいけないと思っています。そうしなければ、更生しようという動機付けが生まれません。

養老　旧来の日本の共同体では、共同体のメンバーがある程度自分をなくして世間のルールに従っていました。非行少年が反省をしづらいのも、日本人は「自分」という存在が中途半端にしか確立されていないからかもしれません。

自分に注意を向けると、行動変容が起こる

宮口　だからこそ、しっかり自分と向き合い、適切な自己評価ができると、「悪いことをしてしまう現実の自分」に気づくことができます。すると、「ああ、またやってしまった。自分は何てダメな人間なんだろう。何とか変わらなくてはいけない」と反省できるようになります。

そういったことを繰り返すうちに、「こうでなくてはならない。でも思い通りにいかなかった」と、理想と現実の間で揺れ動きながら、自分のなかに「正しい規範」をつくっていくのです。つまり自分に注意を向けることで、反省する気持ちが生じるわけです。このことの背景に「自覚状態理論」というものがあります。どういうものかというと……。

自分の行動が、自分のなかにある正しい自己規範に照らし合わせて、そぐわないものであったとします。そうすると当然、自分で「やってはいけない」とわかっているのですから、それをやることに不快感を覚えます。その不快な感情を減らしたいという思いが、行動変容を起こすための動機付けになる、そういう考え方です。

たとえば「万引きは悪いことだ」という規範を自分のなかに持っていれば、万引きしようかなと考えたときに、万引きした自分を想像して不快を感じ、万引きを止めるきっかけになる、ということです。

では、自分に注意を向けさせるためには、どうすればよいのか。そう難しいことではありません。鏡に映る自分の姿を見る、周囲を見回して自分が他人から見られていることを意識する、録音した自分の声を聞く、そうしたことだけで十分に効果があります。

実際、かつて飛び込み自殺の多かった地下鉄の駅のホームに鏡を設置したところ、自殺者が減った、という話もあります。事実関係を直接調べたのではなく、報道で知ったことですが、これはうなずける話です。

おそらく飛び込もうとしたとき、鏡に映る自分の姿を見てハッとしたのでしょう。その瞬間、自分に注意が向いて、「自殺は悪いことだ」という自己規範と照らし合わせて思い留まるのだと思います。

養老　いまのお話を聞いて、アルボムッレ・スマナサーラさんというスリランカのお坊さんが、「いまこの瞬間、自分のやっていることそのものに注意を向けて集中すると、それまで気になっていたことがスーッと消えていく」と言っていたことを思い出しました。

彼によれば、顔も見たくないほど亭主を嫌っていたはずなのに、「私はいま、呼吸をしている」「私はいま、座っている」などと自分の行動に注意を向けていたら、十分で亭主への嫌悪感が消えたそうです。

宮口　その奥さんは、「顔も見たくない」と思っているときに生じる不快感を減らしたくて、行動変容が起きたのかもしれませんね。

ふつう、不快感を覚えたら、自分から目をそらすものです。養老先生がおっしゃったように、そこをあえて、自分の行動に注意を向けるようにすると、亭主に対して抱いている不快感を客観視し、それを手放そうとする心の動きが生まれるのではないでしょうか。

——少年院の教育にも取り入れられていますか？

宮口　非行少年はだいたいにおいて、好き勝手に生きてきて、何かまずいことがあると他人のせいにする子もいます。そこを正さないといけないので、少年院では毎日、日記を書かせます。そうして集団生活のなかでひたすら自分を見つめるよう、とことん指導しています。

絵が下手な子どもが増えている

——宮口先生はご著書のなかで、認知機能の弱い子どもは体の使い方が不器用だ、ということに触れておられます。力加減ができない、物をよく壊す、姿勢が悪いなど。養老先生も同じことをおっしゃっていますね。

養老　電車のなかで足を投げ出して座っている若者を見ると、年配の方は「行儀が悪い」と言います。でも彼らは、体を持て余しているだけなのではないでしょうか。

この間乗ったタクシーのベテラン運転手さんなんかは、「軍隊に入れて、鍛えればいい」と言っていました。そのくらい若者の座り方は行儀が悪いように映り、目に余るものがあるのでしょう。

私が思うに、身体技法そのものに周囲への配慮が欠けている。つまり躾《しつけ》がなっていない、ということでしょう。「躾」という字は「身が美しい」と書く、そういう文化の伝統を「封建的」という言葉の下に消し去っちゃったんですね。

宮口　たしかに認知機能の弱い子どもだけではなく、子どもたち全般、体の使い方が下手になってきた感じがします。養老先生のおっしゃる「躾の問題」もある意味影響している部分もあると思います。

あと、体は使わないと錆びつく、という問題があります。私なんかも字を書くのがパソコン一辺倒で、鉛筆を持って手書きすることがなくなったために、字がめちゃくちゃ下手になりました。それと同じで、子どもたちも少し前と比べると、体を使って遊ぶとか、物をつくるといった機会が格段に減っているせいで、体をうまく使えないのだと思います。実際、お絵描きすらしていないので、絵を描くのもすごく下手になっています。

もちろん生まれつき不器用な子どももいます。五％くらいでしょうか。その不器用のレベルが障害と見なされるほどだと、体のトレーニングをしっかりとやらせるべきでしょう。勉強が苦手だと、どうしても肉体労働をすることが多くなりますから、身体が不器用だとどうしても生きにくくなるんですよ。

残念ながら、いまの学校教育には体育の特別支援教育がありません。いまだに「スポーツを通して健全な精神を養う」なんて言っていて、スポーツのできるごく一部の子どものほうしか見ていない。不器用で運動の苦手な子にとって、体育の時間は地獄です。子どもの能力に応じた特別支援教育が必要だと思いますね。

養老　前述したＮＰＯ法人「なんとかなる」の岡本昌宏さんは、建設関係の仕事を中心とする就労体験を提供することで、社会復帰をする手助けをされています。「手に職をつけさせてあげたい」という思いがあり、また「精神的な問題を抱えている人には、やはり体を使って何かをやらせたほうがいい」と考えているのでしょう。

宮口　少年院でも農作業や陶芸などをやらせています。土をいじるのは、感情のコントロールに効果がありますし、感情を豊かにしたり、自己表現の能力を育てるうえでもいいと思いますね。

といっても、認知機能の弱い子どもみんなに適しているかどうかはわかりません。本人がそれを「やりたい」と思うかどうかが、大事なポイントになります。

なかには「みんなと同じように、塾に行って勉強したい」と思っている子どももいます。

いまは「みんな違っていい」とよく言われますが、子どもの多くは「みんなと同じがいい」と思っています。「みんなと同じじゃなくてもいいんだよ。自分のやりたいことをやろうよ」なんていうのは、大人の勝手な論理でしかないのです。

みんなと同じようになるのが大前提で、多様性はそのうえに乗っかっているもの。最近はそこを勘違いして、「多様性」という言葉を簡単に使いすぎているような気がします。

人が幸せを感じるのは、人の役に立つとき

――勉強への意欲をいかに引き出すか、というテーマについて取り上げたく思います。『ケーキの切れない非行少年たち』のなかに、非行少年が人に頼られることでやる気を出した、というようなエピソードが紹介されていましたが、詳しく教えていただけないでしょうか。
宮口　はい、私も医療少年院に勤めた最初のうちは、トレーニングを通していろんなことを教えよう、教えようとがんばりました。ところが少年たちは、まったく興味を示さない。自己評価が低いこともあって、「どうせできない。やってもムダ」とばかりに何もやろうとしないのです。やる気のかけらも感じられませんでした。

しばらく続けましたが、なかなかうまくいかず、「やっぱりムリかな」と指導するのがイヤになってきました。あるとき、もう投げやりになってしまって、文句ばかり言ってくる子どもに「では替わりにやってくれ」と、少年を教壇に立たせてみました。

何かを期待していたわけではありません。教える人間の苦労を体験させようと思っただけです。ところが驚いたことに、少年たちが次々と「自分にやらせて」「自分が教える」と先を争うように教壇に出てきたのです。

そうして教え合うことで、競争意識が芽生えたのでしょうか。みんな、がぜんやる気を出して、真剣に、生き生きとトレーニングに参加するようになりました。

このことから私自身が学んだのは、「人が一番幸せを感じるのは、人の役に立つことなんだ」ということです。非行少年に限らず、人は誰かに何かをやってもらうより、自分が助けてあげることに喜びを感じるのだと思います。

このことがあって以来、何かあったら、「教える」のではなく「とにかくさせてみる」ことをモットーとしています。教える側の人間は、自分はすでに学んでいることを教えるから、子どもたちがわからないとどうしても「なぜわからないんだ」となってしまいがちなんです。子どもたち同士、わからない視点で教え合うから、わかるのかもしれません。

養老　教えるのが難しいのはそこですね。私自身が「わかった」ことについて、どうしてわかったかがわからない。あとから理屈を記述していく感じです。数学の証明問題などその典型ですね。だから教師にはなれないと思っていたくらいです。

それでも解剖学を教える立場になったので、「学生にはとにかく学ぶ機会を与えるのみだ」というふうに考えて、授業に臨みました。特に解剖の場合は、自分でやらなければ何も身につきませんからね。

決め手になるのはやはりモチベーション

養老　大学で解剖を教えていたころ、口頭試問をやっていて、気づいたことがあります。できない学生とは、モチベーションがない学生だ、ということです。誰かに言われて医学部に来たのか、最初から医者になる気がないのではないかと疑われるような学生の成績が悪い。

いつだったか、東大の医学部生のなかに国家試験に落ちる者が出てきて、教育委員会が学部の教育との相関関係を調べたことがあるんです。結果、わかったのは、私の試験で落第点を取った学生が、ほぼ全員、国家試験に落ちている、ということでした。

解剖は面倒くさい作業です。記憶しなければならないことがたくさんあるし、しかも理屈があまり通らない。頭のいい子というか、理屈の好きな子には向かないんです。本当に、「医者になりたい」というモチベーションがないとやってられないんですね。でも逆に、医者になるモチベーションをきちんと持っている学生が、すごく一生懸命に取り組む授業でもあります。なぜかというと、解剖は臨床に近いですし、人体そのものを扱います。緊張感もある。医学部生にとって、やる気の有無がもっとも端的に表れた科目が、解剖でしたね。

ともかく、学力を伸ばす決め手になるのは、やはりモチベーションですね。

宮口　本当にそうだと思いますね。私は、やる気を引き出すためには三つの要素が必要だと思っていまして、それは「見通し」「目的」「使命感」です。実はこれ、私自身の体験から導き出したことなんです。

私は医師になる前に五年ほど、建設関係の会社で公共事業にともなう環境アセスメントの仕事をしていました。簡単に言うと、たとえばトンネルを掘るときに、トンネルができることで地域住民に環境面で何か不具合が生じるかどうかを調べる仕事です。

最初のうち、いくら上司から「意義のあるすごい仕事だよ」と言われても、全然ピンときませんでした。仕事の全貌が見えなくて、見通しが立たず、何から手をつければいいか、わからなかったのです。

これはもうやる気以前の問題。見通しが立たない、目的がわからないのでは、やる気など持てるわけがないのです。

それでも進めていくうちに、だんだん仕事の全貌が見えるようになり、何のためにその仕事をやるのか、目的もわかってきました。それで「よし、がんばろう」という気持ちにはなるものの、今度は「やりがい」を感じることができない。私にとってその仕事は、「これに人生をかける」と思えるほどの使命感が持てなかったのです。

この気持ちは、精神科の医者になっても変わりませんでした。基本的に患者さんは治らないことも多い、そのことにある種の空しさを覚えた、というのが正直なところです。次に神経内科へ行って、脳出血や脳梗塞になった方々を診ましたが、次から次に来られる患者さんのそれまでの生き方には関わらずに、要は治せばいいという感じ。ずっとモヤモヤしていて、医師という仕事に対して絶望すら感じました。

そんなときに出会ったのが、非行少年だったんです。そこから先は冒頭でお話しした通りで、何かスイッチが入っちゃったんですね。「認知機能に障害があるのに気づかれずに非行化する子どもたちが、予備軍も含めてたくさんいる。この子たちを何とかしなくちゃいけない。そのために自分は生まれてきたんだ」という使命感が湧いてきたのです。使命感を持った瞬間、「やる気」の次元がぐっと上がった気がします。

養老　コーリング――呼ばれたんですね（英語の"calling"には「天職」という意味がある）。

宮口　ああ、そうかもしれません。使命感のようなものが見つかった私は、ある意味ですごく幸せだと思います。

養老　見つからないのが普通でしょうね。宮口先生にとっていまの仕事は、天職なんだと思います。

親は「安心安全の土台」と「伴走者」になることが求められる

宮口　ありがとうございます。もっとも「やる気」があるだけでは十分ではありません。やりたいと思ったことにチャレンジする場合、その環境を整える要素として、「安心安全の土台」と「伴走者」が必要です。

子どもを電気自動車にたとえると、親は充電器に相当します。子どもが外でいろんな経験をすれば、当然、エネルギーを消耗します。そうしてなくなった分を、帰宅してから親に充電してもらう。親という充電してくれる存在が、「安心安全の土台」になります。

ただ問題が一つ。親が安心安全の土台になっているつもりでも、子どもにとってそうなっていない場合があるんですよ。電気自動車の充電器で言えば、電圧が違うとか、ある場所が一定しない、気まぐれに動いたり止まったりする、機械自体が壊れているなど、充電器としての機能がちぐはぐだと、ほとんど充電されません。親としては充電の仕方がトンチンカンになっていないか、確認が求められるところです。

また「伴走者」は、車の助手席に乗っているイメージです。「一人でやりなさい」と突き放すのは、教習所で運転を学んだあとにいきなり首都高速に乗れ、というようなもの。子どもが新しいことにチャレンジするときは不安ですから、最初のうちは伴走者として見守ってあげるのがいい。

とはいえ口出しは禁物です。「そこ、早くブレーキを踏みなさい」「もっとスピードを出しなさい」「早くハンドルを切りなさい」などと言ってはダメ。そっと見守り、何か困ったときにアドバイスしてあげるといいでしょう。

このことは、認知機能の弱い子どもだけではなく一般の子ども、ひいては大人でも同じ。「安心安全の土台」と「伴走者」がなくては、チャレンジがうまくいかないのです。難しいかもしれませんが、挑戦する者の気持ちになって考えてあげることが大切ですね。

養老　最後に、認知機能をトレーニングするのに、ぜひ虫とりをやらせてみることをお勧めします。自然のなかで走り回れば空間的な認知能力が高まるし、小さな虫を見つけたり、鳴き声に耳をすませたりなど、さまざまな認知機能を鍛えることができます。

宮口　虫とり、たしかにいいですね。空間的な認知能力、鳴き声や羽音など音に対する認知能力、さまざまな能力が鍛えられます。子どものころから虫とりを楽しめば、認知能力は鍛えられますね。

第二章

日常の幸せを子どもに与えよ

高橋孝雄×養老孟司

TAKAHASHI Takao ／ YORO Takeshi

【高橋孝雄　たかはし・たかお】　慶應義塾大学医学部小児科主任教授。医学博士。専門は小児科一般と小児神経。一九五七年生まれ。八二年、慶應義塾大学医学部卒業。八八年から米国マサチューセッツ総合病院小児神経科に勤務、ハーバード大学医学部の神経学講師も務める。九四年に帰国し、慶應義塾大学小児科で医師・教授として活動。大脳皮質発生、高次脳機能発達、エピジェネティクスなどの研究を行っている。日本小児科学会前会長。小児神経学会前理事長。著書に『小児科医のぼくが伝えたい　最高の子育て』『子どものチカラを信じましょう』（いずれもマガジンハウス）。

違和感にいち早く気づくことが仕事

高橋　月刊『Ｖｏｉｃｅ』二〇二一年六月号に掲載されていた養老先生のインタビュー記事「『情報処理』に偏重する人類の愚」（Ｖｏｉｃｅ編集部編『転形期の世界』ＰＨＰ新書に収録）を興味深く拝読し、今日こうしてお話しするのを心待ちにしていました。

養老　ありがとうございます。私も高橋先生のお考えには頷《うなず》ける点が多く、注目していたんですよ。

高橋　光栄です。養老先生が先のインタビューで指摘されていたように、情報を自ら収集するのではなく、二次的な情報の「後追い」に偏重してしまう人類の現状は、私も小児科医の立場から大いに危惧しているところです。

養老　自分の五感から入ってきたものを「情報化」せずに、誰かがすでに収集した情報をこれ幸いとばかりに重宝する。こうした「情報処理」を主とするネットの世界はますます膨張し、その一方で、あろうことか農業や漁業といった一次産業が蔑《ないがし》ろにされている。現代の風潮はますます情報処理に偏っているように感じられ、忌々《ゆゆ》しき事態です。

もっと言えば、新聞やテレビ、ネットメディアなどのジャーナリズムの世界も然《しか》り。具体的に事実を掘り起こして伝えるというより、「すでに出ている情報をうまく利用しようとする」こと、情報の「収集」ではなく「処理」の方向に動いている傾向が見受けられます。

他方、農林水産業に従事する方々の仕事は、情報の処理ではない。だから、彼らは〝時代遅れの人たち〟という感覚で捉えられてしまうのかもしれません。

高橋　そうした流れは、残念なことに医療界にも押し寄せています。患者を診療するうえでは、診断にせよ治療法の選択にせよ、ガイドラインの遵守が何よりも重んじられるので、最新のルールはどうなっているのかを常にチェックする必要があるのです。そのような最新情報の後追いに不可欠なのがインターネットです。

結果、医者一人ひとりの裁量は少なくなるばかり。ある意味でそれは、「どこで誰が診療しても同じ結果が出る医療」。それで本当に、個々の患者に寄り添った診療ができるのでしょうか。

AI（人工知能）やコンピュータサイエンスの技術が急速に発達するなかで、はたして生身の人間である医者の役割とは何なのか。それはまさしく、養老先生が強調されているように、五感を用いた情報化でしょう。

私は小児科医ですから、子どもの声を傾聴して「違和感」にいち早く気づくことが仕事です。そのためには、彼ら彼女らから、あるいは親から「本音」を引き出すこと、「適当に答えておけばいいや」なんてごまかしや嘘を許さないことなんです。

繰り返し、繰り返し、自分の手で生の情報を感じ取っていけば、たとえ患者さんが訴える不調にまだ病名が与えられていなくとも、「何かおかしい」という異変を察知できます。医師の力量が問われるのは、まさにそういう「違和感」に気づくこと。体温が何度だとか、検査値が上昇している、CTに何か映っている、といったデータの処理でもなければ、「〇〇症候群」と名づけられている病気にグルーピングすることでもないと思います。

実際、病名を突き止めようとすると、そちらに気を取られて、診断が表面的・近視眼的になり、逆に背後に潜む重大な問題を見逃す危険があるのです。違和感を大切にする医師は、とりあえず違和感を覚えた時点でいったん立ち止まるので、そういうことが起きにくい。

養老　たしかに、患者を身体的に診療するのは典型的な情報化であり、一次産業的な行為でもありますね。

私はよく虫とりをするのですが、その最中に自然と接していると、同じ虫をとってきても、「今日は何かいつもと違うな」と感じることが珍しくない。理屈ではないんですよね。

高橋　そう、理屈ではない。私自身も小児科医を三十七年やってきたおかげと言うべきか、最近は「違和感」が非常に直感的なものになってきたような気がします。

親には、本能的に「子どもの心を読み取る力」が備わっている

養老　子どもと接するときは特に、理屈ではない違和感を大切にすることが重要だと思います。子どもって、自分のことがけっこうわかっているのに、説明ができないんですよ。表現力がまだ育っていないと言いますか……。だからなおさら、彼らと接する大人が違和感を察知してあげることが必要でしょう。

高橋　その通りですね。アメリカ小児科学会の言を借りると、「小児科医は子どもの代弁者」でなくてはならないと思っています。

この「代弁者」という言葉がおもしろい。英語では「advocate」といって、一般的には「物言わぬ子どもたちや、社会的弱者である両親の声に耳を傾け、それを広く社会に知らしめること」とされていますが、私はちょっと違う観点を持っています。

というのも「物言わぬ子どもたち」が実際に自ら声を出すことは少ないからです。子ども

の言葉に耳を傾ける以前に、子どもたちの立場になって、何を言いたいのかを察知し、互いに理解し合える言葉に翻訳して語りかける。その対話から〝違和感の正体〟を明らかにしていくことが「代弁する」ということではないかと考えています。

――「代弁者」であるためには、子どもの気持ちが理解できないといけませんね。どうすればわかるようになりますか？

高橋　子どものふるまいや表情に絶えず目を配ること。心を配る、というか。そうすれば自然と、子どもの「心の声」が聞こえてくるようになります。陳腐な表現ですが。

簡単なことではありません。相当な熱意と決意、経験が必要です。小児科医はプロフェッショナルとして、病気の子どもと、付き添っている親御さんの「代弁者」になるべく、十年、二十年、三十年とトレーニングを重ねている、とも言えます。

でもご両親には、本能的に「子どもの心を読み取る力」が備わっています。両親の遺伝子を半分ずつ受け継いで生まれ、同じ家で暮らしているのですから、子どもの様子を見ていれば、本能的に異変に気づけないわけがない。もし気づけないとしたら、ネットをはじめとするさまざまな情報に邪魔されて、その能力が衰えているのでしょう。

養老　目の前の子どもの状態よりもネットの情報を参考にしてしまう風潮はたしかにあると

感じます。

高橋　養老先生のご著書には、時折そうした切り口が出てきますよね。「何かが違うと感じる、でもよくわからん」といった具合に。私は、世の中から「賢人」と称される方が違和感を抱いた場合には、その声に丁重に耳を傾けるべきだと確信しています。

大人は自分の価値観をむやみに押しつけるのではなく、まずは子どもの声に耳を傾けて、代弁してあげることから始めるべきではないでしょうか。

少子化で問題なのは、人口が減ることではない

高橋　私がいまの社会に対して何に最も違和感を抱いているかと言えば、少子化です。あらためて紹介するまでもない日本の難題ですが、メディアはどうも「年間の出生数が一〇〇万人を下回った」など数字上の問題として取り上げがちです。

しかし私は、出生率がどれだけ下がったとか、海外の国々がどういう政策を採っているなどという論調に囚われすぎるべきではないと思うんです。

養老　社会がどこかおかしくなっているという視点から考えるべきだと。

高橋　その通りです。まず大事なのは、私たち国民全体で少子化に対する違和感や危機感を共有すること。現状の分析や具体策を議論するのはその次の話ではないでしょうか。

養老　私も少子化で問題なのは、人口が減ることではないと考えています。なぜ現在の日本人は子どもを欲しいと思えないのか。さらに言えば、子どもが可愛いという感覚が失われつつあるのか。これこそが、根本的な問題でしょう。

若い世代が子どもを持つことをあまり望んでいないのは事実で、出生数や出生率などの数字はその感情が直《じか》に反映されているに過ぎません。巷《ちまた》では「若者に金銭的余裕がないから」という論調をよく見聞きするけど、どうにも納得できない。おそらくは、ほかの要因があるのだと思いますね。

高橋　子を授かり、子を育てるというのは、本来、喜びであるはずです。そうならない原因の一つは、社会全体が若い世代に、「少子化のいま、子どもをつくって、立派な大人に育てなさい」というプレッシャーを、暗黙裏にかけていることにあるのではないでしょうか。それにより「子どもが欲しい」という本能的な欲望が抑えつけられている部分があるように思えてなりません。

その意味では、逆説的な言い方になりますが、少子化問題を解決するためには、世間に流布されている論調や、年間の出生数などのデータに気を取られないことが一つの糸口になるのではないかと思いますね。

ネットの過剰利用がもたらす「実体験の減少」

高橋　もう一つ、少子化と同様に違和感を抱いているのが、インターネットの過剰利用です。先ほどの情報処理の話にも通じるテーマですが、大前提として申し上げたいのが、私はネットの存在自体を否定したいわけではないということです。

ネットはある面では間違いなく我々の生活を豊かにしているし、今日もこうしてオンラインツールを利用して、養老先生とお話しできているわけですから。それでもなお、私はネットの弊害を見過ごすことはできません。

どんな弊害があるのか。大きく「無言化」「孤立化」「実体験の減少」の三点を指摘できます。なかでも、三つ目にあげた「実体験の減少」は、特に危惧すべき現象だと思いますね。

わかりやすい例がコミュニケーションです。ネットに関わっている時間が長くなると、人はどうしてもしゃべらなくなります。つまり「無言化」。また一人でいる時間が長くなります。

つまり「孤立化」。そうして無意識のうちに仕事や日常から、「実体験としてのコミュニケーション」が抜け落ちていく。

それにもかかわらず「コミュニケーションがとれている」と錯覚してしまう。そこがネットの一番怖いところです。

いまや多くの方がSNSなどを介して、無数の人びととバーチャル空間でつながっています。そして、コミュニケーションがとれていると「錯覚」している。

しかし、オンライン上のコミュニケーションは対面とは異なり、五感のすべてを用いているわけではありません。バーチャル空間の映像の相手に使っているのは視覚と聴覚、あとはチャットなどの場面でキーを打つときに感じる指先の触覚といったところでしょうか。

実体験としてのコミュニケーションは、脳細胞が形成するネットワークに広く五感が働きかけるものですよね？　一方のネット上のコミュニケーションは、特化した感覚が脳細胞そのものを直で刺激するようなものではないか。だとしたらバーチャル空間では、人間の閾値《いきち》を超えるような強い刺激が脳細胞に伝わっていることになります。これは、生物学的にみても異常な状態で、うすら寒い心持ちすら覚えます。こうした状況を放置しておくと、私たちの五感がいつしか麻痺していく気がするんです。

実はテレビも、子どもへの影響を問題視された時期がありました。たとえばアメリカの小児科学会はかつて、論文で実データを示し、「子どもたちにテレビを二時間以上見せてはいけません」とする警告を発しました。

何が良くないのか。一つは「ディスプレースメント（置き換え）・セオリー」といって、テレビを見る時間が増えれば、ほかの大事なことをする時間が減るという指摘です。

インターネットはどうかというと、テレビ以上にディスプレースメントが起きていますよね。

もう一つは「テレビの内容が教育上よろしくない」という指摘です。ただ「お笑いはダメで、ニュースならいいの？」といった疑問が残ります。

ネットの場合、私は一部のネットゲームに、人間関係に悪い影響をおよぼす可能性があることを懸念しています。

たとえばバトル系のゲームだと、極端な話、「人を殴るとポイントがつく」とか「人を殺しても、こちらが殺されても、ゲームオーバーでリセットすると、死がなかったことになる。死んでも生き返る」など、バーチャル空間の出来事が現実でも起こるんだと勘違いしてしまう危険があるのです。「そんなことはないだろう」と思われるかもしれませんが、私は実際に、人は死んでも生き返るのだろうと信じている子どもに出会ったことがあります。

それは稀《まれ》な例としても、リセットボタンを押せばやり直せるゲームとは異なる現実の世界で、丁寧に人間関係をつくっていくことを面倒に思う子どもがいてもおかしくない。そんな子どもは、現実の世界から逃げ出して、ますますゲームの世界にのめり込んでしまうでしょう。単純化されたゲームの世界に慣れすぎてしまうのは、危ういことだと思います。

ネットでは、バーチャル空間でまるで本物のような体験を得ることはできても、現実世界での実体験は増えないどころか減っていくばかりです。結果的に、人間関係が「五感に頼らない、または五感がスポイルされたコミュニケーション」に埋め尽くされていくのではないか。そこを私は一番心配しています。

本気度の高い実体験が生む効果

養老　「実体験の減少」が問題なのは、高橋先生のおっしゃる通りだと思いますね。もう一つ、私の実体験に照らしてお話しすれば、体験に対する「本気度」も重要ではないでしょうか。

私は先日、二〇人くらいの子どもたちが栃木県茂木町《もてぎ》で三十泊三十一日のキャンプをするプログラムに顔を出しました。もう三十年くらい続いているもので、ＯＢが手伝いのスタッフとして参加しています。子どもたちは朝は日の出とともに起きて、山のなかを走り回る。いわば〝自然児〟になって一日を過ごさせるんです。

その間、スマホは一切なし。最初に没収されます。もちろん、こっそり盗み見する子もいるわけですが、それはそれでスリルのある貴重な体験とも言える（笑）。

私が行った日は、食事のときに子どもたち自身で火をおこす作業をやっていました。板の上で木の枝をこすってね。ある程度火が出ないと、腹を空かせたままになる。それはもう、子どもは本気にならざるをえないわけです。

高橋　たしかに子ども自身の本気度、子どもに何か体験をさせる大人の側の本気度によって、実体験の質は大きく変わりますね。

いまのキャンプのお話で思い出したんですが、慶應の文学部の先生が一卵性双生児の研究をしておられます。その研究の一つに、一卵性双生児を別々のキャンプ場に連れていき、二人がどんな行動をとるかを観察したものがあります。特に困難に直面したとき、「素」が出るので、比較するとおもしろいんですよね。

その先生のお話によると、遺伝子がまったく同じ一卵性双生児は、同じような行動パターンをとる場面も多いそうです。

たとえば昼のカレーを煮ているとき、出来上がるのが待ちきれずに先生や友だちに内緒でそうっと行って味見をする。それで「これはうまいぞ」となると、「おいしいぞ、食べてごらん」とみんなに声をかけてしまう。そんな子どもがいるそうですが、一卵性双生児のもう片方の子どもも、同じような行動をとるそうです。

また、子どもの行列について、興味深い観察結果があるようですね。「先生のあとにきちんとついていくか」「後ろのほうでおしゃべりしながら、列を乱して歩くか」のどちらの行動パターンをとるかについては、遺伝的素因の影響をかなり受けるそうです。

養老　それは興味深い研究ですね。私が参加したキャンプに取り組んでいる人たちも、活動を全国的に広げていきたいと考えています。その説得材料になるよう、いまは血液検査やホルモンの測定などを行って、一カ月のキャンプ生活で子どもたちがどう変わったか、データを出しているようです。

そんなデータが必要かどうかはさておき、私もできるだけお手伝いをしたいと思い、子どもたちといっしょに虫をとっています。

高橋　キャンプというのは、子どもたちにとって本気度の高い実体験であり、研究者が子どもたちの成長の過程を観察するのに適したいいフィールドなんだなと思いますね。

適度なストレスのある状態に置いてあげる

高橋　私はやはり、子どもにとって本当の意味で良い環境とは、何不自由のない暮らしをさせることではなく、キャンプのように、適度なストレスがある状態だと思います。いろんな種類の適度なストレスが子どもに働きかけることで、心と体はどんどん育っていくのです。リアルな営みを本気で体験しているときは、まさしく適度な負荷がかかっている。現実世界は、ゲームのように一瞬にして不可能が可能になることはまずありませんが、その分、ささいな何かを成し遂げることでも大きな充実感や達成感を得られるものです。

養老　そう考えると、子どもたちには自分で火をおこさせて、できなければ飯が食えないくらいがちょうどいいかもしれませんね。一食くらい抜いたって、どうってことありませんよ。もちろん、一人でやらせるのではなく、仲間と共同で作業させればより得るものが大きいでしょう。

高橋　複数の他人と共同で作業したり、寝食をともにしたりすることで、子どもにとって非常に良い「揺らぎ」が生じます。何か予期せぬ出来事が起きれば、新たな刺激が脳に加わるわけです。事故にならない程度に、小さな失敗を経験させてあげるべきです。そうすることで、子どもたちは人に対する想像力や共感力をおのずと培《つちか》っていくのでしょう。

どんな家庭に生まれようとも、さらに言えば子どもであれ大人であれ、結局は「相手には相手の事情がある」と慮《おもんぱか》れる力が、自分自身を幸せにするのだと思います。

子どもを変える遺伝子以外のシステム「エピジェネティクス」

高橋　あと一つ付け加えると、子どもにさまざまなストレスがほどよく働くと、遺伝子の発現にリズム感が出てくるんですよ。いま流行りの「エピジェネティクス」と呼ばれるシステムが働くわけです。

――どういうシステムなのですか？

高橋　私は「単純な遺伝子の情報に組み込まれているストーリーに、『揺らぎ』をもたらすもの」というふうに理解しています。生活習慣のように長いスパンで起こることもあれば、日内リズムみたいな変化もあるし、瞬間的に湧き上がる怒りやストレスなどの非常に短いスパンで起こるものもあります。

遺伝子に刻まれた情報がそのまま翻訳されるのではなく、環境要因によって動的に変化するんです。

もっと言えば、同じ遺伝子を持っている人が一〇人いたとしても、まったく同じ人間にはなりえない。そこに「揺らぎ」をつくる仕組みが「エピジェネティクス」ですね。

よく教育とかトレーニングに関するレポートなどで「エピジェネティクスの機構が働いて、本来よりも高い力を発揮した」といった表現が使われます。これはある意味で正しいのですが、当たり前と言えば当たり前。ほど良いストレスが加わる環境があれば、遺伝子の働きが少し修飾されて、体や心の働きの変化として現れるものなんです。

養老　もともとは発生学用語ですね。同じ遺伝子を持つ受精卵が分裂を繰り返すなかで、あるものは神経細胞に、あるものは皮膚細胞、筋細胞などになる。同じ遺伝子を持つものがまったく違うものになっていく。それで「遺伝子とは別に、DNAの配列変化によらない遺伝子発現を制御・伝達するシステムがあるはずだ」となり、イギリスの生物学者コンラッド・H・ウォディントンが「エピジェネティクス」として提唱したのです。

方向は逆ですが、山中伸弥先生が取り組まれている研究と根本は同じです。「遺伝子は同じなのに、どうして細胞はこんなに違ってしまうのか」ということを「エピジェネティクス」という言葉に上手にまとめたんですね。

エピジェネティクスによって「単眼症」が生まれることも

養老　古い話で恐縮ですが、実は私、大学院生のころ、そういうことに非常に関心があったんです。ちょうどカエルのクローンができるようになったころのことです。山中先生とともにノーベル賞を受賞したイギリスのジョン・B・ガードン教授が、カエルの核移植に成功したのです。

少し詳しくお話ししますと、彼はまずおたまじゃくしの腸にある細胞から核を抜き出して、除核した卵子に移植しました。すると、おたまじゃくしが生まれました。通常の受精と同じように。

それで私は、動物は何でもいいから、同じ遺伝子を持つ個体を大量につくって、形態にどのような違いが出るかを調べたいと思ったのです。その実験により、クローンの間にも形態の差異が生じれば、その形態の差異は遺伝子によるものではなく、エピジェネティクスによるものと推察できます。

　残念ながら当時は、お金も施設もなくあきらめましたが、もし実現していたら、遺伝子が発現していく過程で何が起こるか、その糸口がつかめたのではないかと思っています。

　その後、私にとって非常に印象的だったのは、東大の標本室に保存されていた結合児（シャム双生児）の赤ちゃんの標本に出合ったことです。胴体は二人それぞれにあって、顔が二面にありました。一方がふつうの顔で、もう一方が単眼症でした。

高橋　目が一つ、ということですね。ヒトの体が形づくられる過程で、状況が極端に変化したような場合には、形が極端に変わってくるということですか？

養老　そうです。ある意味で単眼症もヒトのゲノムの持つポテンシャルの一つで、それが状況によって異なった形で発現するわけです。これもエピジェネティクスの典型ではないかと思いますね。

高橋　私は先ほど、日常生活のなかでの揺らぎも含めて、遺伝子の発現は波打っている、リズムがあるというお話をしましたが、いまの養老先生のお話は反対側のことですね。

　さまざまな臓器など、人間の体を形づくる根本設計にもエピジェネティクスは関わっており、単なる遺伝子の設計図だけで人体がつくり出されるわけではない。エピジェネティクスは人体が形成される過程にも、出来上がった体の働きの調節にも、深く関わってくる、重要なシステムなのだと再認識しました。

一言で言うと遺伝子は、コピー機で同じものが無限につくられるようには複製できない。そこは間違いのないところですね。

私は講演などで「背の高さや容貌、性格、嗜好、感性など、遺伝子でかなりの要素が決まっています」といったお話をするのですが、決まってこんな言葉が返ってきます。「じゃあ、努力しても無駄なんですね」「うちの子の頭が悪いのは、親である私の頭脳の遺伝子が悪いせいなんですね」と。非常に悲しい誤解なんですが。遺伝子の影響が強い要素と、そうではない要素があるということをわかっていただきたいです。

遺伝子にまつわるこの種のマイナス・イメージを、何とか払拭したいところです。

養老　人間はどうしても予定調和的な結論を求めたがるんですよ。そのほうが楽だからでしょう。そううまくいきませんよね。

なぜ「利己的な遺伝子」説が広く受け入れられたのか

養老　あと、私は「遺伝子の本体となる物質がＤＮＡである」ということがはっきりした時代に育っていますから、そのときに素直に浮かんだ疑問がたくさんあるんですよ。

たとえばＤＮＡは細胞のなかでどんな形になっていて、どういうふうに折りたたまれて入っているのか、それが適当にほどけて、細胞によって取り出される部分と取り出されない部分は何がどうコントロールしているのか、などなど……。細胞レベルで考えると、遺伝子ってそう簡単に説明できるものではありません。

それなのに、生物にとって遺伝とは何かについて、単純化して説明してしまう動きが出てきました。典型例が『利己的な遺伝子』（紀伊國屋書店）を書いたリチャード・ドーキンスです。彼は「遺伝子は生命の発生以来、人類の発展とともにずっと続いている。だから個体は遺伝子の乗り物に過ぎない」と、比喩的に主張しています。

これ、おかしいですよね。だってＤＮＡが働く場としての細胞も、進化の始めからずーっと続いていていて、滅びたことがない。ドーキンスの仮説は、「ＤＮＡの側からの視点」に偏っているように思います。どうして、このようなＤＮＡ中心の生物観が広く受け入れられたかと言えば、私は社会が情報化社会になったからだと考えますね。情報化社会に適応した人間にとって非常に受け取りやすい説明は、進化を生み出してきたのはＤＮＡがもたらす情報だった、ということでしょう。

デジタル化以前に「情報とは何か」を考えるべき

――話をネットに戻して、日本が推進するデジタル化をどう考えますか？

養老　日本は国としてデジタル化を推進していますね。ところが先日、奄美大島《あまみおおしま》（鹿児島県）を訪ねたときに、後続の車と離れてしまったので携帯電話をかけたのですが、電波が届いていないからか通じませんでしたよ。そもそも、日本中に最低限の電波網を整備する気はあるのでしょうか。

また、教育にデジタルツールを活用するという流れも盛んですね。それ自体は構わないけれど、この施策にしてもいったいどの程度本気なのか。「諸外国が導入しているから日本でもやってみます」などという浅い考えでは、むしろ将来、必ず痛い目をみますよ。

高橋　文部科学省の発表によれば、児童生徒向けに一人一台の端末と高速大容量の通信ネットワークを一体的に整備する「ＧＩＧＡスクール構想」を推進していますね。

子どもにタブレット端末を配布するのは鉛筆や消しゴムといった基本的な道具を配るのと同じことですから、手段として否定はしません。ただし、子どもたちに効率良く情報を提供することが、そのまま良い教育につながるかといえば別の話でしょう。

重要なのは、先ほども申し上げたように、自ら情報を取りにいくアクションです。その手段として、紙の教科書を使おうがタブレット端末を使おうが構いません。

しかし、デジタル化によって子どもたちがいま以上に情報処理に偏重してしまえば、彼ら彼女らははたして耐えられるのだろうか。こうした問題については、もっと真剣に考えるべきです。

養老　情報とは何か、そもそも情報自体は存在するのか、といったことを十分に考えないまま、社会が走っているような気がします。先ほど申しましたように、ＤＮＡに直接関係がないと思われる部分を蔑ろにして遺伝を説明するようなことが起きたのも、社会が情報化していったことと無関係ではありません。

その辺りの感覚を、メディアアーティストの落合陽一さんが「情報は質量のない世界だ」

と表現しているのはおもしろい。多くの人は、「自分たちは自然科学をベースにした教育を受けている。それに基づいて考えれば、質量のある世界で起こることが現実だ」と思っています。けれどもよくよく考えると、それもかなり当てにならない。結局は頭で考えた世界ですから、自然科学の体系は質量のない世界と見ることもできる。

質量のある世界と質量のない世界をどう結びつけるかが、問題になってくるような気がします。

ネットに頼ると「負け続ける育児」になる

——高橋先生は育児におけるインターネットの過剰利用について警鐘を鳴らしておられます。どういう問題があるとお考えですか。

高橋　大きな問題としてあげられるのは、親たちが自分の育児に自信をなくしていることです。そもそもこの世に「正しい育児法」が存在するかどうかも疑問ですが、それを是《ぜ》として、「正しい育児」とはどういうものか、答えをネットに求める傾向があるのです。情報を〝つまみ食い〟するのに、ある程度信用できて、一番お手軽なフィールドがインターネットだということでしょう。

ネットを検索すると、実際、「正しい」と思われる情報がたくさん出てきます。なかでも自分の考えに近く、役に立ちそうな情報を拾い読みしていくと思うんですが、そのときに陥りやすい問題があります。それは、自分が実践している育児と比べて、少しだけレベルの高い方法に「正しさ」を求めがちだ、ということです。

そうなると、もうキリがない。「これは自分より正しい」「こっちはもっと正しい」となって、ネット検索が「正しい育児」という〝鬼〟をつかまえる〝追いかけっこ〟のようになる。これが「負け続ける育児」につながってしまうのです。

たとえるならそれは、「どんな栄養素を摂れば、病気にならない体をつくれるか」と、正しい栄養の摂り方を求めてネット情報を集めまくるようなものです。検索すれば「亜鉛が不足すると、こんな症状が出ます」「鉄分が不足すると、こんな病気になります」といった具合に、たくさんの情報が出てきます。

しかし、どんなに体に大切な栄養素でも、大量に摂ればいいというものではない。足りないと病気になるということと、摂れば摂るほど健康になるということはまったく別の話ですが、どうも育児でもそれと似た誤解が広がっていると思います。

養老　私はよく「現代人は『ああすればこうなる』と思っている」と言っていますが、社会全体に「何かに不足があったら、ネットの情報を〝投与〟すればうまくいく」というようなシステム化の原理が働いていると感じています。その原理に対して一番大きな齟齬《そご》が生じるのが子どもの問題ではないでしょうか。

高橋　まったくその通りです。養老先生のお言葉を拝借すると、育児において「ああすればこうなる」ということはないんですよね。

小児科医をしていると、日々向き合うのは、完治の見込みのない病気と闘っていたり、親の虐待から保護されて入院していたり、「ああすればこうなる」なんて方程式では括《くく》れない子どもたちばかりです。

でもそれは病院だからこその特殊な例ではありません。健康な子どもも、とりたてて問題のない一般家庭に暮らす子どもも、一〇〇人いれば一〇〇人、性格も状況もすべてが異なります。「ああすればこうなる」は誰一人当てはまらないのです。

それなのに親御さんたちの多くが、「正しい育児をすれば、将来、社会が求める正しい大人に育つ」という幻想を抱いている。しかも「正しい育児」の情報をネットに求めれば求めるほど、自分には実践できないような気がしてくる。子どもを産むのはやめておこうかと。

少子化が進む原因は、その辺りにもありそうです。

――ネットの普及が、よその子と比べることを助長している部分もありますね。

高橋　他者と比較するということは、つまるところ、「自分の子を、優秀とされる子どもたちのカテゴリーに入れようとする」ことにほかなりません。個性を認めるのとは逆方向の考え方ですね。

ネットの普及でその種の情報も「正しい育児」の検索範疇に入ってきています。こちらもやはり「負け続ける競争」にしかならない。学校内やクラス内で試験の点数を比べ合うくらいなら、まだ実感をともなうから勝ち負けがあってもいい。でも全国模試レベルになって、顔の見えない相手、つまり偏差値と比べっこを始めると、いつか必ず負けますからね。

他者との比較は避けられないとしても、見えない無数の敵、実像をともなわない相手と競争することは避ける。その点だけは気をつけたほうがいいと思います。

成熟した大人とは、共感する力がある人

養老　いまのお話をもう少し進めると、現代人は「成熟した人間の姿」がわからなくなって

いるような気がします。子育ての目標を進学や就職とリンクさせすぎるために、本来目標とするべき「成熟した人間像」が思い描けないのかもしれません。

「成人式が荒れる」のは、その証左とも言うべき現象でしょう。成人するとはどういうことかが、本人たちも、祝福する側の大人たちもわかっていないのです。


高橋　私自身、自分が成熟した人間かどうかわからない部分もあるのですが、養老先生とお話をしていて、ふと恩師の言葉を思い出しました。

それは、ユーイング肉腫という悪性腫瘍で入院していた当時五歳くらいの子どもを回診したときのことです。ふだんは無口で、ちょっと厳しい感じもする恩師がふと、こう言ったのです。

「子どもは死を悟ると、みんな、天使のようになる。切ないね」と。

このとき私は、「死を現実のものとして受け入れた瞬間に、心の奥底から沸々《ふつふつ》と『共感する力』が湧いてくるのではないか」と思いました。

それまで「注射はイヤ」「薬はイヤ」「入院はイヤ。おうちに帰る」「まだ寝たくない。テレビ見る」などワガママばかりで、およそ手に負えない子だったのに、しだいに医師や看護師、親、周りにいる同年代の患者さんに、共感を寄せ始めました。相手の立場になって考え、行動できるようになったのです。

小児科医の本当に狭い視野ながら、私はそこに「急速な成熟」を感じ、「成熟するとは、こういうことだ」と思いました。

子どもに限らず、大人も同じですよね。「成熟した大人とは、共感する力のある人」だと、私は思っています。

人間関係に関わるさまざまな実体験を経て、人は「自分がこういうことをすれば、相手はこんなふうに感じる」ということを五感を通じて学習します。その過程で想像力が育まれれば、初めてのことや困難に直面したときも、想像力を働かせて解決しようとする姿勢が自然に身につくでしょう。

また言ってはいけないこと、やってはいけないことを経験的に理解し、人を傷つけるような行動に歯止めをかけることもできるようになる。そんなふうに想像力が身につけば、おそらく子どものころに「共感する力」のようなものが芽生えるはずです。相手には相手の考えがある、相手のルールがあるということを理屈ではなく感じ取れる力は、人を幸せにしてくれます。

人間が一人で手に入れられる幸せなど、大したものではありません。でも人の幸せをともに喜び、人の苦しみをちゃんと理解し、寄り添うことのできる人は成熟した大人だし、幸せになれる人だと思います。だから、死期の迫った子どもが急速に成熟していくことは本当に切ないことなのです。

自立とは何か？　夏目漱石に学べ

養老　「自立」というのも大事な問題ですね。それが成熟の前段階に起こることなのか、同じと捉えるべきかはさておき、子育ては子どもの自立を邪魔するものであってはならないと考えています。

それは大前提として、では、何をもって「自立」とするか。最近、そんなことを考えていて、「自立の何たるかを示す典型例は夏目漱石だ」と気づきました。

ご存知の通り、漱石は文学論を書きたいと思って、三十歳を過ぎてから、イギリス・ロンドンに留学しました。ところが大学で講義を受けても、本を読んでも、役に立たないと感じたといいます。そこにきて国費での留学ですから、何か成果を上げなければいけないという強いプレッシャーもあって、神経衰弱を来《きた》すまで落ちこんだのです。

そんな漱石が苦悶の末に気づいたのは、「自分の書きたい文学論は、講義や書物にはない。ゼロから自分で考えるしかないんだ」ということです。その瞬間、漱石は自立したんだと思いますね。

ここで私の言う「自立」は、自分はどう生きていくかを自分でつかみ、しかも社会に適応していく態勢と心構えが整うということです。翻《ひるがえ》って日本人の場合を考えると、二十代後半くらいかなと思います。

――成人の社会的自立、ということですね。

養老　もちろん子どもが自立していく過程には、いくつもの段階があります。最初は肉体的な自立。座る、立つ、歩く、走る、飛び上がる、物をつかむ、食べる、……日常的なさまざまな体の動きを覚えます。

次の段階が精神的な自立で、なかでも重要なのが「読解力」でしょう。以前、ＡＩをテーマに対談した新井紀子さん（国立情報学研究所教授）が、著書『ＡＩ vs. 教科書が読めない子どもたち』（東洋経済新報社）のなかで、興味深いことを言っていました。彼女が定義する読解力――図表も含めたあらゆる言語化された情報を正確に読める力は、中学生のころに伸びる、というのです。なるほど、だとすると、人はそのころに「頭の自立」を果たしているのかもしれませんよね。

後悔したくない症候群

養老　私は最近、「自足」という言葉をよく使います。「自らを満たす・充足させる」という意味合いで、この「自足」の状態を悟っていないと、人生はなかなか上手くいかないものでしょう。

たとえば猫は、自分の居心地の良い場所を見つければ、それで満足する。一方で、ジェフ・ベゾス（アマゾン創業者）は宇宙旅行をしていましたが、これは自足以上の欲にみえてならない。

ベゾスの例は極端にしても、個々人の過剰な欲が膨れ上がり、世界全体を道理に合わない方向に動かしているように思います。

高橋　なるほど、実に興味深い話です。それでは養老先生は、日本という国が自足するためには何が必要だと考えますか？

養老　何もかも手に入るわけではないけれども、生きているだけで満足できる。そんな状況を、生まれてくる子どもたちに対してつくってあげないといけないでしょう。何も難しいことではありません。親が子どもに対して「あなたたちが元気に飛び跳ねていてくれればいい」とさえ、願えばよいのです。

にもかかわらず現状は、「あなたの将来のためだから」と言ってわが子に過剰な教育を強制し、いまある楽しみを我慢させている。それは、親が自分の不安を子どもに投影させているだけです。

子どもたちの日常の幸せを、まず考えてやらなければなりません。

高橋　まったく同感です。私はかねてより、「親は自分の願望を子に託すな」と訴えています。「こういう教育をしてやれば、自分にはできなかったこんな夢が実現するのではないか」というような気持ちが強すぎる。試したいのであれば、たとえば我が子に英会話を習わせる前に、まずは自分がやってみればいい。

もちろん子どもに期待する親心は当然のものですが、だからといってあれもこれもと押しつけて、日常の幸せを奪っては本末転倒です。「放っておく勇気」も必要なのです。

結局のところ、子どもに後悔してほしくないからではなく、親自身が後悔したくないだけなのでしょう。私はそれを「後悔したくない症候群」と呼んでいます。

「いま」の喜びを体感できず、幸福が先送りされてしまう

養老　なるほど、うまく名づけましたね。昨今はますます、子どもの時代が「大人になるための準備期間」のように捉えられていますね。そうして「幸せの先送り」が進んでいく。すると子どもたちは、自分がいつ幸せを享受できるのか、一向に実感できない。

若い世代の自殺が多いのは、幸せな瞬間が未来に回されるばかりで、「いま」を体感できていないからだと思います。子どもの時代に幸福を味わっていれば、そう簡単には自殺に走らないのではないでしょうか。

別の言い方をすると、子ども時代が独立した人生ではなくなっている。人生の一部としか見られていないのです。子どもの時期がハッピーであれば、人生の一部がハッピーになる。その幸せが将来に先送りされるから、「いつになったら、自分は自分の人生を生きることができるのか」という迷いが生じてしまうわけです。

高橋　最近流行りの「自己肯定感」という言葉、実はあまり好きではないのですが、あえて使うならば、人は生まれてきた瞬間が最も自己肯定感が高いはずです。「生まれてくるんじ

ゃなかった」と思って生まれてくる赤ん坊はいませんからね。
そういう幸福感に満ちた子どもの心が、成長するにつれて、家族や周囲、そして社会からのプレッシャーを受けてしだいに擦り減っていく。
ところが親はそうとは知らず、先ほどお話ししたように、ネットに流布するさまざまな「正しい子育て」に直面し、親としての自信をなくしてしまう。そもそも「正しい子育て」なんてないと開き直ってほしいというのが、小児科医としての私の切実な思いです。

養老　現代は人生がカーナビに従う車のようになってしまった時代であると、しみじみ痛感しますね。ナビの案内に従えば、目的地までは効率よくたどり着けるでしょう。しかし、道中にこんな山があるとか、綺麗な花が咲いているといった道草を食う行為が忘れ去られてしまった。目的に向かって最短距離で走り続ける人生は、まさしくカーナビそのものです。
よそ見をしたり、道草を食ったりしながら、カーナビには絶対に出てこないルートを進むなかで、さまざまな実体験を積み上げていくのが人生だと思うのですが。

高橋　そうですね。子育てというのは、「将来どの大学に進み、どういう仕事に就くか」というように、目的達成を重視してやっていくと、いずれ裏切られることになる。「ああやってあげれば、こうなる」ということがないのが育児ですから。

教育や子育ての本質は、効率主義や成果主義の先にはないはずです。むしろ、無駄なことや遠回りした先に待っているように思います。

「早期教育」に意味はない？

――高橋先生は「早期教育」について、どうお考えですか？

高橋　昨今の社会的な要請の典型例ですね。子どもの意思にかかわらず年齢を繰り上げて学ばせるという。私の考えを申し上げれば、早期教育には大した意味はないけれど、やってみても構わないとの立場です。

大前提として、何かを早くできるようになることと、そうして習得したことが将来もっとできるようになること、は無関係です。早く自転車を買い与えたからといって、運動神経が良くなるかと言えばそうではないでしょう。

たしかに、幼少期の日常に日本語が欠如していれば、その習熟が疎《おろそ》かになるように、ある時期に経験しておかないとその後の発達に影響することはあります。それは遺伝的に仕込まれた能力とはいえ、その力を発揮するためには適切な刺激が適時に加わることが必要だからです。しかし早く始めたほうがさらに良いかというと、そのようなことはないのです。

とはいえ、「無駄なこと」を経験させるのも教育だとすれば、早期教育を全面的に否定するべきではない。努力が報われるとは限らないといった世の摂理に向き合わせることも、ある意味では立派な教育です。親は「せっかく高い学費を払ったのに……」と悔しがるかもしれませんが。

教師は、一人ひとりの「個性」に向き合おうとしなくてもいい

養老　早期教育は是か非か。このテーマは、先ほど紹介した三十泊三十一日キャンプのプログラムのように、大人が子どもといかに本気で向き合うかに尽きるのではないでしょうか。

学校という教育現場の実情を考えると、生徒一人ひとりの「個性」などというものに合った教育をしようものなら、教師の身体がもちませんよ。そうではなくて、子どもが自立して動く姿をつぶさに観察しながら、教師は必要なタイミングで「手入れ」をする。日本人が自然に対して抱く感覚に近いのですが、相手の自立性を認めたうえで、上手に扱うのです。

大事なのは、相手は自分とは違うルールで動いていると認めること。そのためには相手と

本気で向き合わないといけないし、一日も手を抜けない。生きているものに接するとは、そういうことではないですか。

高橋　教育とは生き物と接することだと捉えるならば、「早期教育」という言葉には違和感が出てきますね。そんなに焦って触れ合って、何がしたいのかということになる。

養老　そういう意味でも、一次産業や自然に接することが重要なのです。農業に勤《いそ》しむ人であれば、適切な時期に適量の肥料を与えれば、ちゃんと米が収穫できることを実感しています。言い換えれば、「早い時期に肥料をたくさんやっても、米がたくさん穫れるというものではない」ということが、経験的にわかっています。

また以前、オリーヴを輸入している業者の方に聞いた話ですが、ヨーロッパには四百年も昔のオリーヴ畑があるそうです。いまでもちゃんと実がなり、油が採れる。ところが最近できたオリーヴ畑は、せいぜい百年くらいしかもたないといいます。

何が違うかというと、肥料なんです。昔は肥料がないから、やせた土地に木を植えるしかなかった。でも木は、だからこそ一生懸命、根を張って育ち、長い寿命を生きることができるのでしょう。

動物にも似たようなことが言えるようです。最近読んだある医学の本によれば、若いときに十分な食料を与えられなかった動物のほうが、実は長生きするという。この説が本当であれば、非常に興味深い。

早期教育に関しても同じで、そんなに早く肥料をあげる必要があるのでしょうか。人間も、むしろ幼いころに一定の欠乏感を抱くほうが、将来のためになるのかもしれません。

高橋　欠乏感は、私が先に述べた適度なストレスにも通じる話ですね。もちろん虐待はもってのほかで、またコロナ禍《か》がもたらした状況も適度なストレスとは程遠いものですが。

養老　物理的な面でも、私が子どものときに経験した食料難の状況に比べれば、いまの豊富な食事は過剰な気がしますね。

唯一残っている父親の記憶

高橋　適度なストレスのある環境とは、すべてが満たされ、ルールでガチガチに固められたものではありません。不測の事態や状況の揺らぎが時折訪れる環境です。

アメリカの小児科学会は盛んに「トキシック・ストレス（毒性ストレス）」という言葉を使います。これは、たとえばシリアなどの紛争地域で、多くの子どもたちが砲撃や空爆、暴力など過剰なストレスにさらされ、不安や恐怖を抱えている状態を含みます。

私がここで言う「適度なストレスのある環境」とはトキシック・ストレスの対極にあるもので、程よいストレスが風のように優しく舞う環境のことです。

たとえば私は幼少のころに砂場で友達と喧嘩《けんか》して、砂を相手の顔に投げつけた経験があります。母も呼び出されて一緒に平謝りしましたが、帰り道に母はそっと私と手をつないで「もうしないね」とだけ言った。その瞬間、私は自分の気持ちを母が代弁してくれた気がして、ドッと涙があふれました。ほんの短時間の出来事でしたが、私にとってこの事件は程よいストレスだったのだと思います。心を揺さぶられた一生の思い出です。

人によっては「あまりいい経験とは言えないのでは?」と思うかもしれませんが、そんなことはない。子ども同士のいざこざはまさに「不測の事態」ですし、適度なストレスになりうるものなのです。

養老　思い返せば、私も子どものころはいろんないざこざを経験しましたね。だいたい一人で解決しましたが。

高橋　大人になってもずっと覚えている思い出って、誰かがお膳立てをし、ルールを決めて経験させられたことではありませんよね。

実は私は四歳のときに父親を亡くしていて、思い出はほとんどないんです。それでも一つだけ強烈な思い出があります。それは、脳腫瘍《のうしゆよう》を患った父が暗い部屋で寝込んでいたある日のこと。いつも私たち兄弟は台所で食事をするのですが、そのときは父といっしょに食べようと、自分たちの分を父のベッドサイドに運びました。すると母が「台所で食べなさい！」とものすごく怒ったのです。

ところが父は一言、「いいじゃないか」と言った。その声だけを覚えているのです。ほかにもいろんなことを言われただろうし、抱っこされた写真もあるのに、そういった思い出は記憶からきれいに消えているのです。もしかしたら、その一言に込められた父の思い、子どもたちの思いを代弁した父の一言に何かを感じたのかもしれません。

こういった思い出もまた「揺らぎ」。不意に予測不可能なことが起こる、その経験が最終的に子どもを支えるのではないかと思いますね。

義務教育の「義務」とは何か

――義務教育については、どのように捉えていらっしゃるのでしょうか。

高橋　義務教育とは、「子どもがイヤがっても、義務として学校に行かせる」ことではない。子どもが「学校に行きたい」と望めば、それを権利として認め、教育機会を与える義務が親にある、ということなんですよね。このことを知って、その通りだと、ハッとさせられたことを覚えています。

たしかに世界には、子どもを労働に駆り立てて、学校に行かせない親がいます。また、それを黙認している社会もあります。子どもが学校に行きたい、勉強したいと望んでも、「自分たちには教育を受ける権利がある」と主張できない。当然、親のほうにも子どもを学校に行かせる義務は発生しません。学習意欲のある子どもにとっては、非常に理不尽な状況ですよね。

でも日本は違います。子どもが「勉強したい」と言えば、その権利を守ってあげるのが親の義務とされているのです。

私はこの話をときどき、子どもの不登校に悩んで外来に見える親御さんたちに伝えています。病院に連れてこられるほどの理由があって学校に行けない子というのは、もう十分に苦しんでいます。義務教育だからとお尻を叩いて、学校に送り出すのは違う。親御さんには、「子どもには学校に行く権利もあれば、行かない権利もある。守ってあげましょうよ」とお話しします。

養老　いまは義務教育も含めて、教育制度の維持そのものが目的化しているような気がします。高橋先生のおっしゃるように、先生たちも「義務教育とは？」という問いかけもしないままに、現状の教育制度に乗っかって、動いているという印象ですね。

聞くところによると、先生方は書類仕事で大変忙しいそうです。夏休みも学校勤めをされているとか。

しかし、教師が子どものいない学校で仕事をすることを異常だと思わない社会はどうかしてますよ。医師が患者さんのいない病院に行くようなものですからね。

社会全体で子どもを育てる責任

養老　私はかつて保育園の理事長を務めていたときに、「理想的な保育園とはなんだろう」と考えを巡らせたことがあります。いろいろ考えるうちに、ふと「あれ？」と気づいたんです。もしも万能な保育園が実現したら、はたして親の役割はどうなるのか、親は何をすればいいのかと。

高橋先生とお話ししていて、そうしたジレンマに陥った記憶が甦《よみがえ》ってきました。

高橋　よくわかります。もちろん親は子どもにとって大切な存在です。しかし、世の中には親のいない子どもだってたくさんいます。

そうした子どもが一様に不幸なわけではない。そう考えると、「社会」として子どもを育てる意味で、保育園や幼稚園には存在意義があるのでしょう。

もとより子どもの育て方は、時代や環境に大きく左右されるところがあります。ちなみに養老先生は、どのようなお子さんだったのですか？

養老　いまも変わっていないかもしれませんが、当時からひねくれていましたね。小学校に入るころまでは戦時中でしたから、子どもが社会に期待される役割は決まっていました。大人から「将来何になりたいの？」と聞かれれば、模範的な答えは「兵隊さん」だったのです。でも、私はへそ曲がりの少年だったので、「兵隊さんだけにはなりたくない」と答えていましたよ（笑）。

高橋　それは凄い（笑）。

養老　当時は子育てに対する社会的な要請が強くて、バイアスがかかっていた半面、共同体は機能していました。たとえば悪ガキがいれば、周りの大人たちが「このまま放っておくと、ろくな大人にならない。地域の仲間として受け入れるわけにはいかなくなる」と思って、叱ったり、説教をしたりする。そういうことが昔はふつうにありました。

ところがいまは、共同体で子どもたちを育てるという意識が圧倒的に薄れています。共同体が消えていくのと並行して起きている現象だと思います。

高橋　「子どもを正しい大人に育てるのは両親の責任だ」と言われればその通りですが、その延長で、社会が無関心になっているのは問題です。もっと社会全体が子どもたちの教育に責任を持つべきですね。戦時中の「将来は兵隊になるのが良い」というように、一律的な規範を勝手に設定することには反対ですが。

養老　私が教育に望むのは、子どもが幸せになる社会をつくってほしい、それだけです。

第三章

子どもの脳について わかったこと

撮影：稲垣徳文

小泉英明×養老孟司

KOIZUMI Hideaki / YORO Takeshi

【小泉英明　こいずみ・ひであき】　日立製作所名誉フェロー。一九七一年東京大学教養学部基礎科学科卒業、同年日立製作所計測器事業部入社。七六年東京大学に論文を提出し理学博士。二〇〇〇年基礎研究所所長、〇三年技師長、〇四年フェローを経て一七年より現職。世界初の微量元素の測定手法、国産初の超電導ＭＲＩ（磁気共鳴描画）装置を開発。さらに、ｆＭＲＩ（機能的磁気共鳴描画）装置や自らが開発した近赤外光トポグラフィ法によって、脳科学と教育や、科学と倫理の問題にまで研究対象を広げてきた。東京大学先端科学技術研究センター フェロー・ボードメンバー、国際工学アカデミー連合（ＣＡＥＴＳ）理事。著書に『アインシュタインの逆オメガ』（文藝春秋、パピルス賞受賞）など。

まことしやかな「神経神話」

養老　小泉先生とはもう二十年以上のおつき合いになりますね。

小泉　最初にお目にかかったときのこと、はっきり覚えていますよ。脳科学の共同研究をしている仲間が、毎日出版文化賞を受賞しまして、私、授賞式とパーティにうかがったんです。そのパーティで、同賞の選考委員を務めていらした養老先生が声をかけてくださいました。二〇〇二年のことだったと思います。

養老　そうでしたか。

小泉　そのときに養老先生はこうおっしゃいました。「脳を専門的に研究している人たちは、もっと積極的に発言しなければいけない。でないと、間違った情報、不正確な情報が世の中に広がってしまう。研究者にはそういった誤解を正す責任がある。自分には関係ない、そんな仕事はやらなくてもいいと決めつけてはダメだ」と。

しばらく熱弁をふるわれて、「たしかにおっしゃる通りだな」と神妙に受け止めたことを覚えています。それからですね、研究の世界に閉じこもりがちだった私が、一般の方に向けて情報を発信しようと、講演会に参加したり、原稿を書いたりするようになったのは。

養老　申し訳ない、余計なことを言いましたね（笑）。

小泉　とんでもない、いま思えば本当にありがたいことでした。あのとき養老先生の知遇《ちぐう》を得なければ、私はいまも研究室の片隅に身を潜め、学会の外に出てゆくこともなかったかもしれません。

養老　いや、そんなことを言った覚えはないんですが、以前から私のなかには「日常の会話などに、脳科学の話題がもう少し入ってきてもいいのではないか。脳科学の間違った知識が蔓延《まんえん》しないよう、研究者はもっと発言したほうがいいのではないか」という思いが強くあったもので、少々熱くなったのでしょう。

――小泉先生はご著書で「神経神話」について書かれていますが、脳については非科学的なことがまことしやかに語られ、眉を顰《ひそ》められるようなことが多いのですか？

小泉　それ以前に、「神経神話」という日本語をひねり出すのが一苦労でした。発端は、二〇〇〇年にOECD（経済協力開発機構）といっしょに進めていた国際的なプログラムが公式に始動したことです。

これは、世界を大きくヨーロッパ、アメリカ、アジア・オセアニアの三つに分けて、とく

対談は鎌倉の円覚寺《えんがくじ》・龍隠庵《りゅういんあん》で行った（撮影：稲垣徳文）

に教育の視座から「脳科学と社会」という問題に正面からアプローチするものでした。クリストファー・ボール、マイケル・ポズナー、伊藤正男の各先生がそれぞれのブロックの議長を務め、私はＯＥＣＤの取りまとめ責任者（ブルーノ・デラキエサ博士）と一緒に、全体の国際諮問委員として約十年間活動しました。世界トップレベルの研究成果と同時に、一般向けには二冊の本――"*Understanding the Brain : Towards a New Learning Science*"（二〇〇二年）と"*Understanding the Brain : The Birth of a Learning Science*"（二〇〇七年）が、五カ国語で出版されました。邦訳版は『脳を育む――学習と教育の科学』（明石書店、二〇〇五年）と『脳から見た学習――新しい学習科学の誕生』（明石書店、二〇一〇年）です。

その邦訳版を監修したときに、「ニューロミソロジー」という言葉にぶつかったのです。どう訳せばいいものか、大変悩みました。「神経神話」とすべきか、「脳神話」とすべきか。結局、みなさんに「神経神話」がわかりやすくて良いと言っていただき、こちらの訳語を当てた、そんな経緯があります。

「神経神話」というのは、「科学的に本当のことではないのに、多くの人が『脳科学からするとこうだ』と信じこんでしまっているようなこと」を意味します。

たとえば「人間には右脳人間と左脳人間がいる」とか「脳の基本的な能力は三歳までに決まってしまう」「私たちの脳は一〇％くらいしか使われていない」など、いずれも科学的根拠がまったくない、あるいは大きく誇張された「神経神話」の部類です。特に最後のものは一般に良く知られていますが、これはアインシュタインが、当時まだ進んでいなかった脳科学の実験結果を知って、そのように言ったことが世界中に広く伝わって生まれた言説です。今では、脳のほとんどの部分が、何らかの働きをしていることがわかっています。

そういった不確かな情報を放置せず、私たち脳の専門家がしっかりと科学的根拠を示さなければいけない。ＯＥＣＤのこのプログラムでは、このスタイルを貫いたこともあって、世界中で神経神話の問題はかなり改善されたと思います。

とはいえ脳はまだまだわかっていないことが多く、世に蔓延する言説を簡単に神経神話と切り捨てることもできない。必ずしも間違っているとは言えない部分もあって、いまだに微妙な問題を抱えています。

養老　脳を身近な問題として発信したという意味で、私にとって印象深いのはNHKで「心の謎を脳で解く」視点から、全六回の科学ドキュメンタリー番組（『NHKスペシャル　驚異の小宇宙　人体Ⅱ　脳と心』）をつくったことです。もう三十年近く前、一九九三～九四年に放映されました。

小泉　よく覚えています。一九九二年にfMRI（functional Magnetic Resonance Imaging＝機能的磁気共鳴描画）装置を開発し、頭の中で想像するときに実際に活動している脳画像を、世界で最初に発表したころから撮影が始まりました。

養老　制作の前段階で準備委員会のようなものができましてね。メンバーは私と伊藤正男先生、立花隆さん、河合隼雄さん、中村桂子さん、安野光雅さんの六人でしたか。その集まりで、伊藤さんと立花さんが奇《く》しくも同じようなことを発言されました。「脳の問題は非常に誤解を招きやすいので、慎重のうえにも慎重を期してつくらなければいけませんよ」と。

その通りですが、私は「人間のすることには土台、誤解はつきものです。女房だって、長年つき合ったいまも互いのことがよくわからない。探り合っては誤解してばかりです」と申し上げました。

それがまずかったというか、女優の樹木希林《ききききりん》さんといっしょに司会進行をやらされるハメになりましてね。ディレクターから、「どうしても台本通りにいかないことも出てくるだろう。そのときに『ここをこう変えてもいいか』と専門家にいちいちおうかがいを立てるのは面倒だから、養老さん、出演してもらえないだろうか」と頼まれたんです。

小泉　そんな裏話があったのですか。すばらしい番組でした。

養老　ＮＨＫのスタッフが一生懸命やってくれました。

子どものころから「測る」ことが好き

――小泉先生はどんな経緯で脳の研究を始められたのですか？

小泉　私は当時、ｆＭＲＩや光トポグラフィをはじめとする脳計測装置を使って、脳の活動を計測することをしていましたが、そもそもの始まりは小学生のころに遡《さかのぼ》ります。実は私、「測る」ことや科学に大変興味のある子どもだったのです。少し大型の望遠鏡を自作して惑星やその動きを観測したり、セルロイドの映画フィルムを固く巻いて筒状にし、アルミパイプに入れてロケットを造りました。白い煙を吐いてよく飛びましたね。

当時は核開発競争を背景に、世界のあちこちで原水爆の実験が盛んに行われていました。アメリカがマーシャル諸島で実施した実験は、一九四六年から五八年の間に計六七回。五四年三〜五月に六回行われたビキニ環礁での実験は、周辺の海域にいた静岡県のマグロ漁船の第五福竜丸が被曝するという事故を巻き起こしました。

原爆実験のニュースを見ていると、実験により発生する「死の灰」——放射性の微粒子が自分にも降りかかっているのではないかと気になりますよね。それで「自分で測るしかない」と思ったわけです。

中学生のころには自分で測定装置（ガイガーカウンター）をつくりました。心臓部のガイガー・ミューラー管だけは、きちんとしたものが手づくりできなかったので、欲しくてたまらずに秋葉原のジャンク屋をあちこち探し回りました。

その手づくりガイガーカウンターで原爆実験で飛んでくる微粒子の放射線強度を測定し、データを取りながら状況をチェックしていました。

その測定装置の後継機が押し入れの奥に残っていまして、東日本大震災のときに引っ張り出して使ってみたんです。「福島原発は爆発を起こす可能性があり、東京にも放射性物質が飛んでくるかもしれない」と予測できたので。

そうして測定値と天気図で風向きを照合するうちに、現実に水素爆発が起きて、放射性物質が自宅にも届いていることがわかりました。おかげで爆発前からのデータがきれいに取れたし、ニュースよりかなり早い時期に、東京で福島原発の実態を把握することもできました。それで、原発事故直後に出版した著書では、炉心溶融《ろしんようゆう》の可能性も思い切って述べたのです。けれども爆発した原子炉を実際に調査・計測して、炉心溶融の実態が報道されたのは比較的最近ですよね。

ともかく、子どものころからさまざまなものを測ることで、測ることが事実や真実を知ることなんだと思うようになりました。

養老　そうですか。ガイガーカウンターの話、すごいな。驚きました。

小泉　何事につけ、測ると新しいことがわかる。ワクワクする。だから私は測ることが好きになったのかもしれませんね。

養老　わかります。ご存知の通り、私も子どものころから虫を見るのが大好きでしたが、見ているといろんな発見があるのがおもしろい。「なんでこんな形をしてるの？」などと考えたり、調べたりするのが楽しくて。もう中毒みたいなものですね。

小泉　ほんとうですね。最初は宇宙や物理に興味を持って測っているうちに自然に環境計測の分野に入って、そのうち人間に興味を持って測っているうちに、医療や医学の分野へ入りました。そして脳を測っているうちに心を測りたくなって、ｆＭＲＩや光トポグラフィをつくりました。でも、親友のエマさん（エマ・ロスチャイルド：ケンブリッジ大学・ハーバード大学歴史学教授であるイギリスの経済・歴史学者）から言われてしまいました。

「ｆＭＲＩは物理的には非侵襲的（体を傷つけないこと）だけど、倫理的には侵襲的（心を傷つけること）だ」と。そこでこの約二十年間は倫理を並行して研究しています。最近、『ネイチャー』誌から取材があったのですが、そこでも倫理の話をしました（Nature, 22 July, 2021）。

「倫理」については、少なくとも六億年前の原生代エディアカラン、時には四十億年くらい前に遡って考えないと、見えてこないことがあって。動物とは動く生きものと言っても、そもそも動けるとは物理学的には何なのか？　インピーダンス・マッチング（「暖簾《のれん》に腕押し」のように、軽すぎたり柔らかすぎては力が伝わらない）はどうなのかと。だから私の場合、虫といっても古生代の三億年間に亘って栄え、そして完全に絶滅した三葉虫に特化して考えています。

日本には本格的な研究者がほとんどいないし、古生代の化石自体がなかなか出ないのですが、三葉虫と付き合ううちに人間との共通点がたくさん見えてきて、どんどんおもしろくなってきました。

fMRIと光トポグラフィの研究と開発

――日立製作所に入社した当初は、どんな研究をされたのですか。

小泉　いまもって子どものころからやっていることは同じ。何かを測定することへの興味に突き動かされて仕事をしてきました。そのなかで最初に行った計測は、熊本県八代海沿岸及び新潟県阿賀野川流域において発生した公害病の原点である水俣病に関わるものでした。国際的にもミナマタは、地球環境問題のグラウンドゼロと言われています。

水俣病は一九五〇年代に発生した当時、なかなか原因がわからず、「感染症ではないか」なんて説まで出たくらい。入社したての私に任されたのは、水俣病の原因物質である水銀の新たな分析法の開発でした。カリフォルニア大学のテツオ・ハディイシ先生が『サイエンス』誌に投稿した論文が出発点でした。

水銀は金属なのに常温の液体で、揮発しやすい性質があるため、実試料を計測するのに何日もかかる。それを毛髪一本からでも、わずか一分間で正確に測れるようにする。大変な難題でしたが、苦労の甲斐あって、最終的には「偏光ゼーマン原子吸光光度計」として世に送り出すことができました。

特殊元素を除くほとんどの元素について、その濃度を正確に測定することを可能にしたこの原理は、社会の幅広い分野で使える汎用性を備えたことによって、いまも世界中で使われています。この原理特許は、特許制度百周年記念（旧通産省）の際に、日本の代表特許五〇に選定され、最初の装置も数年前に分析機器・科学機器遺産となりました。

――そして次に取り組まれたのが……

小泉　ＭＲＩ（Magnetic Resonance Imaging ＝磁気共鳴描画）装置。磁場と電波を利用して、体の内部の断面をさまざまな方向から画像化する技術です。いまでは各種検査に多く用いられていますが、私が研究を始めたのは三十年以上も前のことで、世界でも開発が始まったばかり。日本にはまだ影も形もない装置でした。

このプロジェクトに十年ほど取り組んで、まず日本で初めて超電導型のＭＲＩを開発、実用化しました。その後、装置の故障かと思われた現象から、偶然、磁気共鳴血管描画法（Ｍ

RA）を発見して、仲間達と最初の特許を取りました（正確には数カ月の間に世界で三件の類似の原理特許がいずれも権利化）。このMRAの原理を基調にして、続いて着手したのが、fMRIです。つまり、血管（特に神経活動とリンクしている毛細血管）の流速によって脳の活動部位を描画するのです。

こちらは最初の段階では、実用化というよりも基礎研究が目的で、人間できちんとしたデータを取ろうと試行錯誤を重ねました。装置も日立工場で開発した二・一テスラという非常に強力な全身用超電導磁石を使って、世界中どこにもないfMRI専用機として装置全体を開発しました。しかし装置づくりが優先で、論文が後回しになってしまったことは、今でも反省しています。

なにしろ連続一、二時間も要する測定の間、被験者の体が動かないようにお箸を噛んでもらったり、ガムテープでぐるぐる巻きにしたりするのですから、大変な作業でしたね。ハラスメントにならないように、管理者・教官たちが率先して被験者になりました。

ただ研究用のデータだけが取れてもダメで、実用化にはどこでも使える簡便さを追求しなければいけません。そこで発想をガラリと変えて、fMRIと類似の測定機能を持つ光の装置を開発しようと考えたのです。それが「光トポグラフィ」に繋がって行きました。この方法はＮＩＲＳ（近赤外分光）と呼ばれることもあります。

――どんな装置なのですか？

小泉　一言で言うと、脳に光（太陽光にも含まれる無害な近赤外線）を当てて、脳表面の局所血液量変化を読み取ることで、脳の活動を探る装置です。光による高次脳機能描画法とも呼ばれます。被験者は細い光ファイバーのついた簡単なかぶり物をつけるだけですから、ｆＭＲＩのように測定中に体を固定されることもなく、自由に動いても大丈夫、自然な環境で検査することができます。

いまは病気の診断・治療だけではなく、人間の精神的な活動の研究や赤ちゃんの発達の研究にも応用されています。幅広い分野での発展性を秘めているのです。

最近の脳科学に見られる傾向

養老　ＣＴやＭＲＩなどの装置の場合、子どもにおとなしく測定を受けさせるのは骨が折れますよね。光トポグラフィならかぶせるだけで何の痛みもないから、子どもの脳の測定もかなりやりやすくなったと思います。

その光トポグラフィの技術が開発された辺りからですか、小泉先生の研究領域が脳の分野に広がっていったのは。

小泉　そうですね。三十五年ほど前の入り口は医療でしたが。最初は「とにかく今までのX線CTとはまったく違うMRIの画像を読まなくては……」と、放射線科の読影の専門家の方々とずいぶんご一緒に勉強させていただきました。

養老　かなり細かいところまで、脳の活動を見ることができるようになって、それはいいのですが、細かくわかればわかるほど、新たにわからないことが出てくる場合もあるような気がします。

最近、脳科学の本を読んでいておもしろいのは、細かいことがわかってくると、データがバラバラになってくるところですね。個人の違いがはっきり出てしまう。それで「人によって違う」なんて結論が出たりする。

そんなことはデータを取る前からわかっていることで、私たちがふだんの会話のなかで「あの人はこうだね。この人はこうだね」と言っているのと同じような状況になるのではないかと思うのです。

たとえばリサ・フェルドマン・バレットというアメリカの心理学者が書いた『情動はこう

してつくられる』（紀伊國屋書店）という本を読むと、こんなくだりがあります。「感情の動きを丁寧に調べていくと、脳で起きる生理反応は結局、バラバラで、特定の反応は認められなかった」と。

私が習っていたころは、「喜怒哀楽の感情が動くと、脳のなかでは一定の生理反応が起こっている」と、非常にシンプルな理論でした。本質的には同じことですね。

あるいは「男脳」「女脳」があるとよく言われますが、そんなものは明確に存在しないといったことも書かれています。単に「男に多く見られる脳の状況」「女に多く見られる脳の状況」があるだけだ、ということです。当たり前のことではないかと。

私などが若いころは、何か不可解な現象にぶつかると、「脳研究が進めば、いずれわかるようになるよ」と言っていたものです。この見解は間違っていました。研究が進めば進むほど、わからないこともどんどん増えていって、振り出しに戻るというのが正解でした。

小泉　おっしゃる通りです。私たちも国際会議などで難しい問題について議論したあと、それでは飽き足らずに「場所を変えて、飲みながら続きをやろう。徹底的に意見を出し合おう」となることがありますが、結局は自分たちの理解がまだまだ浅いことに思い至ります。「その部分はわかっていないということを一番知っている人が、一番わかっている」ということが結論になったりするのです。

たとえば「脳のどこが人間の言語を司っているのか」は、ｆＭＲＩや光トポグラフィなどを使って測定できます。おかげで世界中でたくさんの論文が書かれました。それらのなかからきちんとピアレビュー（専門家仲間による公正な評価）されて出版された論文のデータをすべて集めて、論文の質に重み付けしながら解析する統計手法（メタアナリシス）があります。そこから導き出された初期の結論は、「たしかに脳には、言語とともに活性化する場所がある。メタアナリシスの結果、それは脳のすべての場所であった」というものでした。今は細部も少しずつわかってきたので、このようなことはありませんが、知れば知るほど、脳は複雑なことを統合的に何気なくやってしまうすごいシステムだなあと感心するばかりです。

このように、脳のあらゆるところが連係して動いているのに、細分化された自分の専門分野だけを深掘りしていると、全体像が見えなくなってくる。養老先生が全体を俯瞰《ふかん》して統合的なお話をされるような、広くて高い視点が欠けてしまいがちになるのです。

もっともそこを強調すると今度は、専門の細部を研究している人たちから、「精密なデータがないじゃないか」と言われたり。

養老　もちろん、わかろうとしないと、何もわからない、ということもありますからね。

小泉　本当に。堂々巡りのようですが、私自身は人間全体を俯瞰するほうがはるかに本質的なところを捉えることができると思っています。

「言語は器官である」は本当か

――小泉先生はｆＭＲＩや光トポグラフィを使って子どもの脳を研究されています。どのような内容のものか、具体的に教えていただけますか。

小泉　もちろん非常に広い分野でさまざまな計測が行われていますが、私自身が実際に取り組んだ実験の一つに、「脳科学の視点から見た新生児における言語の学習」に関するものがあります。

きっかけと言いますか、研究の背景には、ノーム・チョムスキーというアメリカの言語学者の提唱する「言語生得説」に、かねてから興味を持っていたことがあります。

一般的に言語は「習得」するものと考えられていましたが、彼は「言語は人間の体に備わっている器官のようなもので、生まれながらにして備わっている」という考えを示しました。言語学者はびっくり仰天したようです。

一口で言うと、「言語の文法構造の基本はすべての言語に共通し、国・地域の持つ国語はいくつかの基本的パラメーターが異なるに過ぎない。ようするにパラメーターのスイッチの入り方によって、一見異なった文法を持つ」（普遍文法仮説）というのです。

この考え方から「神経言語学」などが発展したのですが、一方で認知科学系の学者はまた違った見方をします。「言語は生まれ育つ環境に応じて他の脳機能と同じように習得されるものだ」という姿勢です。すみません、前置きが長くなりました。

そういった経緯から、両者の議論に決着をつけようと、私たちはフランス国立科学研究機構の認知科学・心理言語学研究所所長のジャック・メレールさんと共同で、新生児の学習に関する研究に取り組んだのです。

実験はまずフランスで、生後五日以内の多数の赤ちゃんのご協力をいただいて行われました。生まれたての赤ちゃんの脳を計測して、脳神経がどのように活動し、神経回路が構築されようとしているかを観察したのです。

具体的には、赤ちゃんに母語であるフランス語を聞かせます。最初は「お母さん言語」の信号が大きいので検討しました。声の抑揚を大きくし、ピッチを高くした口調で、「ねぇ、○○ちゃん」というふうに話しかける。赤ちゃんは非常に強く反応します。

しかし、このお母さん言語には、〝標準形〟というものがありません。どれがお母さん言語で、どれがそうではないのか、客観的判別がとても難しいのです。脳神経系の活動を正確に調べるには、赤ちゃんが同じ刺激として認知できるお母さん言語をコンピュータでデザインして構成するしかありません。

それはかなり手間がかかるので、次善策として、標準的なフランス人のアナウンサーがしゃべるニュースを聞かせました。このときに脳を光トポグラフィで計測すると、会話を聞いているときだけ、左脳の言語野が活動することがわかりました。右脳の聴覚言語野より活動量が大きかったのです。ということは、左脳には生まれた直後から言語野がある、と見ることができます。

もちろん赤ちゃんはニュースの内容を理解することはできませんが、脳にはっきりと反応が計測されました。つまり生まれながらに自然言語への嗜好性があるということなのです。またこの実験とは別に、録音されたテープを逆回しにして聞かせるような実験も行いました。この場合、物理学的に音の総量や周波数を、順回しのときと同じになるように、厳密に規制しました。違うのは、言語の体裁をなしているかどうか、という点だけです。

計測してみると、音の刺激に対しては脳の活動野に反応が出たものの、左脳の言語野では通常のフランス語を聞かせたときのほうが活性化の度合いは大きいことがわかりました。意味のない音の連続でしかないものに対してはほぼ反応しない、ということです。

つまり生まれたばかりの赤ちゃんの脳には、すでに母語を認識する機能が備わっている、という見方ができます。

――チョムスキー先生の考えが正しいと裏付けられた？

小泉　とも言えますが、日本語、ロシア語、イタリア語などでも同じ実験が重ねられるうちに、言語には生得的なところもあるけれど、環境要素も少しあるのではないか、ということがわかってきました。言語についてもやはり、俯瞰して本質をつかむことが大事ですね。最近でも、大型予算の新学術領域創成プログラムが発足し、その一つがこのテーマです。結果をレビューしてみたいと思っています。

同じ人間をずっと追跡する「コホート研究」の始まり

養老　小泉先生は子どもの脳がどのように育まれていくかを、未来に向かって観察する「コホート研究」に取り組まれていますね。日本ではあまりやられていない研究で、私も注目しています。

従来の調査は、たとえば小学校五年生を調べて、同時に一年生も調べる「横断的なやり方」でした。この方法だと、一人ひとりの違いがわかりません。五年生と一年生の平均の違いがわかるだけです。

その点、同じ人間をずっと追跡するコホートという手法を採ったなら、何か起こったときに、それが起こる以前にあった現象との相関関係を統計的に観測することができます。調査には数千人単位の国家規模を要するうえに、事前に何を測るのか、細かい質問を決めておかなければならないなど、大変な手間がかかりますし、統計結果がその時代の子どもにしか当てはまらない可能性がある、といった問題もありますが、それでも研究を続ける価値があると、私は考えています。

小泉　ありがとうございます。コホート研究が重要であることは、ここ数年でかなり認められるようになってきました。研究を始めた二十年くらい前は、養老先生がおっしゃるように、日本ではまったくポピュラーではありませんでした。

ご存知の通り、コホート研究というのは起こったことの「過去」へ遡って調べるのではなく、まだ起こっていない「未来」のことを、きちんと統計的に裏付けを取りながら観察していくことを意味します。認知度の低い時代はそれをわかりやすく伝えようと、論文や講演、インタビューなどを通じて発信するときは、必ず「前方視的縦断追跡研究」という日本語を入れるようにしていました。苦肉の策でしたが。コホート研究の要諦《ようてい》は、ものごとの因果関係、すなわち原因とその結果の関係を解明することです。

コホートとは古代ローマの、歩兵隊の一単位を意味する言葉です。小部隊を次々と遠征に送り出す際に、部隊が勝利したとか敗北したとかの情報だけでは、次の戦略が立てられません。一人ひとりがどのような行動と役割をはたして、その結果はどうだったのか、それによって部隊の状況や情勢がどのように変わったか。そのことを把握することではじめて、全体戦略を立てることができるのです。特に赤ちゃんの発達（週齢・月齢・年齢に沿った形態・機能の変化）の研究では、時間軸が勝負です。必然的に縦断研究が必須となります。役割で規定される軍隊と異なり、赤ちゃんは個人が尊重されるので、コホート研究の意義は絶大です。

コホート研究は二〇〇〇年から準備を始めました。その翌年の二〇〇一年一月に文部省と科学技術庁が合併して文部科学省が生まれました。その新しい形態を生かす形で、つまり科学技術振興機構を中心に、脳科学を担当する旧科学技術庁、教育を担当する旧文部省に属していた三つの局が連携して、コホート研究を含めて展開する大きなプロジェクト「脳科学と教育」が立ち上がったのです。準備のための審議会では、伊藤正男先生が座長で私は主査を務めることになりました。

――省庁の枠を超えた連携というのは新しい試みですね。でもコホート研究は期間が長いから、ご苦労も多かったのでは？

小泉　しっかりとしたデータを出すには十年・二十年・三十年必要ですからね。その間ずっと、一人の子どもを紐付けして追わなければなりません。でも先ほど養老先生が言われたように、時間軸に沿って、縦断的に見ていくからこそ意味がある。一定の時間を面で切り出して、多数の子どもたちがどんなふうに分布しているのかを見る横断的な研究とはまったく異なるのです。

コホート研究で一番困ったのは、日本の予算制度が単年度であることです。国も動いてくれて、かなりの大型予算を組んでもらえましたが、「走りながらやっている」状態でした。お役所からは、もっとスピーディーにコホート研究を進めてほしい、そのためなら研究予算を増やすと、真面目⁉に言われました。赤ちゃんの成長をお金で早めることはできませんよね（笑）。

養老　私も国家公務員でしたから、予算の単年度制には苦労しました。そもそもどうして単年度制なのか、詳しそうな人に聞いてみたことがあります。彼に言わせると、研究費は年貢だそうです。お米の取れ高は毎年違うから、年度ごとに納める量が変わるのはしょうがない。そういう年貢の習慣が明治になっても残っていて、そのまま続いている、というわけです。

単年度予算にもメリット、デメリットはあるのでしょうけど、科学研究なんかには向かないと思いますね。私が現役のときも、「今年はできるだけ使わずにおいて、来年に繰り越そう」なんてことはできなくて、策を弄《ろう》してそれをやったとしても、不祥事だという問題が持ち上がりますから、頭を抱えている学者は多かったですよ。

小泉　まったくです。単年度制だと、ともに研究をする人との契約も一年ごとになり、人がつながっていかないデメリットもあります。国の制度も少しずつ変わってきていますが、さらに柔軟になってほしいですね。

一、二歳くらいまでは「褒めて育てる」のがいい

――これまでのコホート研究で、たとえばどんなことが明らかになりましたか？

小泉　まだ母集団が比較的小さく（約五〇〇〇人規模の「すくすくコホート」"Japan Children's

Study" の結果)、完璧とは言えませんが、データの裏付けが取れていることとして、「かなり小さい乳幼児の時期に限っては、褒めて育てるのがいい」とわかりました。一、二歳くらいまででしょうか。褒めて育てた群と特にそうではない群では、生後十八週、三十週、四十二週の統計的有意なデータで、社会能力(Social-abilities)の指標に一〇%以上の差が生じました。また六年後の学童期でも、親子がコミュニケーションをとってきた例と、少ししかとってこなかった例では、社会性の指標に大きな差(オッズ比で一六)が出ることもわかってきました。「すくすくコホート」のなかでの安梅勅江《あんめときえ》筑波大学教授のまとめです。

日本には「三つ子の魂百まで」という言い伝えがあります。「幼いころに形成された心は老年になっても変わらない」ことを意味しますが、同じようなことわざが世界中にあって、少なく見積もっても五〇以上の国で伝えられています。

昔は数え年ですから、「三つ子」は二歳くらいでしょうか。だとすれば、ゼロ歳から二〜三歳くらいにどんなことをどんなふうに教育するかは大変重要だということです。しかし日本の乳幼児教育については一つ懸念していることがあります。保育園は厚生労働省、幼稚園は文部科学省というふうに管轄が分かれていることです。教育にとって最も重要な時期を過ごす保育園は、基本的に子どもを「預かる」場所で、子どもにとって望ましい教育環境になっているかどうかはわからない。国家予算もそこに十分投下されることはない。そこが大きな問題です。それでも官庁間の壁をとりのぞくべく、「子ども園」などの制度も少しずつ現実になってきました。

乳幼児期は身体系と脳神経系の土台が築かれる時期です。とりわけ神経回路がつくられるのには臨界期があって、一歳くらいまでの期間に、神経回路が発達することがわかっています。その時期に子どもにとって良い環境を整えることが大切なのです。

具体的には、身の回りの物や自然の造化《ぞうか》など、さまざまな物に手で触れることですね。そうして何か、新しい動作ができるようになったり、新しいことを覚えたり、いままでできなかったことが上手にできるようになったりしたときは、心から褒めてあげる。赤ちゃんは喜んで、また褒められたいと、学習への意欲をいっそう高めるのです。

一方、しつけという大切な問題もあります。重要なのは発達に応じた順番です。生まれてからの数年間はしつけよりも愛情と関わりが大切なのです。これは教育の基本であって、約六百年前の世阿弥《ぜあみ》の『風姿花伝』にも教育論が明瞭に整理されていますね。最初はこの世界に興味を持たせることから始まるのです。

昨今増えているように、まだ土台が築かれていないこの時期にお受験のためにがんばらせるような教育を与えるのは感心しません。意味がないと言ってもいいくらいです。基本的な神経回路が構築される時期に必要なのは、自然環境からの本物の刺激です。情報が削ぎ落とされた人工物では、基本的な神経回路が正しく形成されません。

――乳幼児期を過ぎたら、褒めて育てるのはそれほど有効ではなくなるのですか？

小泉　正しく褒めて育てることは一生にわたって大切だと思います。脳の報酬系は、動物が生存確率を高めるための根底にある脳機能だからです。褒めるというのもいろいろとあって、駄目出しが基本の職人芸などでは、親方が何も言わなかったら弟子が褒められたと感動する場合もあると思います。能や歌舞伎も同じですね。

能の宗家の子どもさんに、「幼いときに父親の足の上に自分の足を重ねて歩いてもらった遊びが楽しかった」という方々がよくおられます。世阿弥が言うように、楽しいことが教育の最初の一歩です。無意識の中に足さばきへの楽しさ・愛着が芽生えるのです。脳で言えば報酬系の働きですが、ここに詳しく入り込むと、それだけで一冊の本になってしまうので、それは別の機会に致しましょう。

最初の時期を過ぎると、宗家でも子どもは手をついて「お願いします！」と言ってからお稽古が始まります。つまりしつけが必要な時期に入るのです。逆に言うと、乳幼児期にはしつけは必要ないというのが、育児の神様と言われた内藤寿七郎先生（愛育病院の院長で、かつて時実利彦《ときざねとしひこ》東大教授らを院長室に招いて「脳と保育」の研究会を続けた）から直接学んだことです。人間以外の霊長類は大体赤ちゃんが生まれて一、二年の間、母子は片時も離れようとしませんよね。べったりくっついてます。

たとえばチンパンジーは、移動するときも子どもは母親の毛を握って離さないし、急ぐときは子どもが全速力で走る母親の背中にしがみつきます。人間はそこまではありませんが、そんなべったりの状態のときにしつけなんて言い出したら、独り立ちを助けるどころか遅らせるという妙な話になってしまいます。

また、赤ちゃんの脳はとてもナイーブです。置かれた環境のなかで、いろんなことを学ぶのに忙しい。寝ているときですら学んでいます。そのような睡眠学習の効果がきちんと証明されているのは、いまのところ新生児の段階だけ。うつらうつらとレム睡眠に近い状態のときも、どんどん学習していることがわかっています。

また赤ちゃんは生まれてしばらくの間は、夜昼の区別がついていません。「朝、日が昇って明るくなり、夕方、日が沈み、夜は真っ暗になる」という生活環境のなかで、だんだんと日周リズムを獲得していくのです（自閉症スペクトラムの場合、それがうまくいかないことがあります)。この大事な過程も、遺伝子の働きとともに、「学習」によることが見えてきました。
発達に応じて睡眠のリズムを正しくつくっていくのは、乳幼児教育の大原則の一つと言っていいでしょう。文部科学省が家庭のことにまで入り込んだと揶揄《やゆ》する人もいますが、「早寝、早起き、朝ごはん」というスローガンは大切なことなのです。日周リズムを獲得できないと、脳の学習機能に根源的な支障が生じてきますから。

養老 小泉先生のお話を聞いていると、世の中のみなさんはどうしてそういうことにもっと関心を持たないのか、不思議になりますね。私のところにも、講演で子育てのことを話してほしいという依頼とか、子育ての相談が寄せられることが意外と多いんですよ。保育園や幼稚園もきちんと筋の通った理論をもとに、しっかり考えないといけませんね。

幼少期は特に、自然のなかに身を置くことが大事

――小泉先生はご著書のなかで実体験の大切さについて書かれています。改めて解説していただけますか?

小泉 体のことからお話ししないといけませんね。先ほど「身体系」という言葉を使いまし

たが、人間が意識や精神を獲得していく過程で、体がその基本になっていることは間違いのないところです。

赤ちゃんが生まれてすぐにやることは、「手を伸ばす」ことです。そうして何かを触ったとき、硬い、柔らかい、温かい、冷たいなど、さまざまな情報が感覚とともに脳に取り込まれます。先ほどお話ししたコホート研究の際に、ちょうど子育て中だった歌人の俵万智《たわらまち》さんにとてもお世話になりました。研究に協力してくださったお母様方に、俵さんの歌をプレゼントさせていただいたのです。たとえば「生きるとは手をのばすこと、幼子の指がプーさんの鼻をつかめり」です。これは発達心理学ではリーチングと呼ばれ、歌の通りにきわめて重要な発達段階なのです（俵万智歌集『プーさんの鼻』、文藝春秋、二〇〇五年、若山牧水賞）。

次に赤ちゃんは、つかんだ物を自分のほうに引き寄せて、小さいものだと必ず口に入れます。しゃぶるんですね。これら一連の行為により、赤ちゃんは手指や唇、舌などによる体性感覚をさらに発達させていきます。

そしてハイハイをして移動するようになると、自分の動ける空間が広がり、幅広く、精度の高い情報を獲得します。やがて視覚や色覚がさらに発達し、もっと高次の脳機能（連合野）が発達していくのです。体がなければ、何も起こらないわけです。

養老　そう、ハイハイを始める赤ちゃんのところから、人間の学習のプログラムが動き始めると言っていい。ハイハイをして動き回るようになるにつれて、景色に変化や広がりが出て、視覚入力が変わってきます。それによって出力――自分の反応も変わる。

動くと視界が広がることがわかるし、机の脚にぶつかりそうになれば避けることも覚える。それを繰り返していくのが学習です。

戦後になって日本人は、「身体」の問題を意識しなくなった、または忘れてしまい、「脳」だけで動くようになった。かねて私はそう考えていますが、その原因の一つは、小泉先生が重要視されている「乳幼児期における体を使った学習」が軽視されてきたことにあるのかもしれません。

小泉先生が「実体験が大切である」とおっしゃっているのは、いまの「身体性」と直結する話ですね。

小泉　はい。たとえば誰かが動いている様子を画面で見たとしても、自分自身がそのような体験をしていなければ、何をやっているのか、最初は理解できないはずです。でも自分に同じように動き回った経験があれば、画面を見るだけで、それが現実の画像でなくても何を表しているかがわかります。そういう意味で、一番最初に必要なのは実体験なのです。

コホート研究のところでもお話ししたように、発達は時間軸に沿って変化します。時間の矢は反転できません。ですから順番が本質的な意味を持つのです。芸術教育でも、心が先か技術が先かという議論が絶えません。たしかに両方ともに大切だと思いますが、私は心が先だと思っています。最終的な到達点に差が出てくるように感じます。

実体験の具体的な例でお話ししますと、例えば、家庭のテレビがあります。色をつくりだすのに、赤・緑・青（RGB）の光の三原色を基本にしています。初期のブラウン管テレビでは、希土類《きどるい》金属が発する鋭い輝線スペクトルを単純に重ねてさまざまな色を出していました。一方、自然の世界は、まったく違います。なだらかだったり尖《とが》っていたりする複雑なスペクトルが重なりあって最終的な色が現れてきています。脳のなかの色覚受容体の個人差によっても見えているものは異なります。

音だって同じです。ピアノの音は素敵ですが、周波数スペクトルを計測すると基本は音叉《おんさ》の響きに近い正弦波《せいげんは》です。自然の音、たとえば雨だれや風や葉ずれの音、そしてせせらぎや波の音は、とても豊かな広い周波数を持っています。幼いときに、自然と触れ合うことによって、豊かな幅広い感覚系が育まれるのです。

自然界の形をよく見てみると、縦線も横線も、そして曲線もとても豊富です。一方、人工の世界は、たとえば都市を見ると、横や縦の直線が異常に多いことがわかります。プラスチックの造花を部分的に拡大してみても、大きな変化は見られませんが、自然の花々は拡大すると次々と違う世界が広がります。このように豊かな情報を乳幼児期に取り込むことが、一生の宝になると私は思います。

それに実体験は、認知世界を広げるうえで重要です。というのも、私たちは実際の世界と、そこで起きているすべてのことを体験することはできないからです。人間の脳は、実体験のなかの特徴的なものを抽出して、それをもとに外の世界を認知しますから、実体験が多ければ多いほど認知世界も広がります。

あと、バーチャル体験と決定的に違うのは、意識下にまで多くの〝生の情報〟が入り、脳神経を活性化させることです。実体験では脳は、意識するまでもなく五感を総動員して無数の情報を取り込んでいきます。一方、バーチャル体験だと、どうしても得られる情報が限られます。つくられた世界は、人間の脳を一度通した抽象化されたものだからです。

だから脳が柔らかな幼少時は特に、自然のなかに身を置き、同時にたくさんの人と接して、できるだけ多くの実体験をさせることが大事なのです。子どもに限らず大人も、現代人はそういう実体験の大切さに対する認識が希薄になってきていますから、もっと危機感を持たなければいけないと思います。

養老　バーチャル体験への依存が高まると、「知っている」という思い込みがどんどん強くなることも問題です。私の言う「バカの壁」をより堅固にし、自分が知りたくないことについて自主的に情報を遮断する危険がより高まりそうです。

小泉　ほんとうですね。あと、過保護、過干渉の問題があります。「褒めて育てる」ことは「甘やかす」ことではありません。

たとえば赤ちゃんが食べ物に手を突っ込んで、なかにある何かを取ろうとしているとします。そのときに親や周囲の大人が「手が汚れるからダメよ」と食べ物を取り上げたりすると、赤ちゃんは神経回路を刺激する機会を阻害されたことになります。

またハイハイしているときにぶつからないように物をどかしたり、転ばぬ先に手を差し伸べたり、大人が赤ちゃんの行動に必要以上に手出しをするのは、神経回路をつくるという、子どもにとって大事な時期に、刺激をシャットアウトしてしまいかねないのです。

もちろんケガや病気にならないよう見守り、保護してあげることは大切ですが、行きすぎは禁物です。きつい言い方をすると、極端な過保護、過干渉は、脳神経科学的に見ると、赤ちゃんにさるぐつわをはめて手足を縛るようにして脳神経回路を構築できなくしてしまう過程に近い、ということです。

ネットゲーム依存者の脳で起きていること

――実体験の対極にあるバーチャル体験についてもうかがいたく思います。『インターネット・ゲーム依存症』（岡田尊司著、文春新書）という本に、「インターネット依存者の脳内で、覚醒剤など麻薬依存者と同様の神経ネットワークの乱れが見られた」という研究結果が紹介されていました。ネットゲームに没頭することで脳の記述が変わってしまうとは……かなり衝撃を受けたのですが、どのように考えられますか？

養老　実際、どのくらいの時間をインターネットに費やしているのかわかりませんが、依存症というくらいですから普通の時間ではないのでしょうね。そりゃあ、一日中インターネットばかり見続けたら脳もおかしくなるでしょう。脳内の神経ネットワークに乱れが出たとしても、何も不思議はありません。

小泉　そうですね。私も非常に深刻な問題だと捉えています。子どものネットゲーム依存については、いくつかの相談に乗っているケースがあって、私もかなり必死でこの問題に対峙しているのですが、なかなか解決策が見つかりません。

実際にやってみて難しいのは、依存症に一度なってしまうと、さまざまな治療で一時的には良くなっても、しばらくして小さなきっかけで、また依存症に戻ってしまうことです。昔になりますが、「ゲーム脳」と言い出した脳神経科学の研究者が、バッシングを受けて相談に見えられたこともありました。

対戦型ゲームでも深刻なのは、ネット上で大勢が連携するゲームの急速な普及です。手もとの情報機器だけで誰でも手軽にできる。多くの専門家とも議論していますが、深くはまってしまった人を、長期間にわたって現実の生活に戻す方法は、まだ見つかっていないと言えるかと思います。仮想空間で過ごす時間が、現実空間よりも長くなってくると、仮想空間が、その人にとっては現実になってしまう可能性があって、「倫理」すら反転する可能性がないとは言えません。

人間の脳は五億年、六億年、……もしかしたらもっと前から、「快」か「不快」かを一つのパラメーターにして、生存の方向を決めていたのではないかと考えています。その「快」のところに、これまで生物が生きてきた自然の環境にはない、人工的な快を加える、そこに本質があると思います。

覚醒剤の場合も、ふつうは血液脳関門もそんな人工的な物質を通さないのに、なぜかスルリと通り抜けて、人工的に「快」をつくってしまう。しかも「快」は、本来食欲や性欲がもたらすそれのように、人間が生存するうえで繰り返し得られたほうが有利なものについて発生するものなので、習慣性が形成されてしまう。この問題は真剣に取り組まないと、大変な状況になっていく危険があると思いますね。

「ポケモンショック」で脳のデータを取ると

養老 その手前の話で、先ごろ刊行された『もっと！』（原題："*The Molecule of More*" ダニエル・Z・リバーマン、マイケル・E・ロング著、梅田智世訳、インターシフト）という翻訳書がおもしろい。

「人間はモアになっている。もっと、もっとと歯止めがきかなくなっている」というのです。アニメでもゲームでも、予測通りに展開してもおもしろくない。だから上手に予測がはずれるような仕掛けを施し、〝モア欲求〟を刺激しているのです。

印象的な例に、いわゆる〝ポケモンショック〟（一九九七年）があります。テレビを見た子どもたちの一部が、光による痙攣《けいれん》を起こした事件です。あれは、アニメの展開がおもしろくて、テレビ画面から目が離せなくなって見続けているうちに、過剰な光の刺激を受けたことが原因だとされています。

小泉　ああ、ありましたね。多くの視聴者（特に児童）が病院に救急搬送されて、最初は何が起こったか原因がわからなかったのです。それでＮＨＫの報道部局から、朝早くに私のところに問い合わせがありました。どう対応するものかと考えていたら、「ロケチームを乗せた車がＮＨＫを出た」と連絡があって、結局、断れなくなりました。光トポグラフィでの計測場所を共同研究先の国立施設にお願いして、精神科の先生に、急遽、被験者になってもらって裏付けデータを取りました。明け方まで徹夜で対応することになってしまいましたが……。

結果、「おそらく光過敏性発作だろう」としたものの、それが正しいか一日だけの実験ではいまひとつ自信が持てず、その見解を報道されてから数日、ドキドキしていたことを覚えています。視聴者数と搬送者数の割合と、疫学的な学童期の光過敏性発作の割合もほぼ納得できる範囲でしたが……。厚労省の調査委員会が半年くらいたって、「光過敏性の結果」という結論を出しましたので、ホッとしました。

養老　「もっと、もっと」と刺激を求めていくと、そこまでいっちゃうのですね。番組をつくった人は脳に刺激を与えようなんて魂胆はなかったはずです。子どもたちができるだけ目を離さないようにするにはどうするか、それだけをひたすら追いかけたのでしょう。
　プロというのはすごいものですね、脳科学に基づいてやったわけではないのに、結果的に過剰な刺激を与えてしまったのですから。

小泉　その通りだと思います。英国には高速点滅画像を禁止する放送規則があるのですが、ポケモンは点滅の頻度も明暗コントラストもその規定範囲内だったのです。ところが脳科学特有の視座から調べると、明暗の白黒コントラスト規定が、赤色・青色の点滅では通用しなかったのです。カラー画像を白黒にすると、赤と青が同じ灰色になってしまうというあれです。明暗のコントラストはなくても、視覚野では赤と青が別々の神経系を活性化するので、色彩のコントラストが強いと明暗のコントラストと同じ結果になってしまうのです。

養老　ネットゲームも〝ポケモンショック〟と同じようなものでしょう。脳科学的なデータをもとに、「ここまでやったら、まずいですよ」という境界線のようなものを見つけて、ある程度の制限をかけていくことが必要かもしれません。

小泉　同感です。ポケモン事件のあと、英国の放送規定も一部改訂されましたし、国内にも新たな規定ができました。ビデオゲーム関係も、国の将来を考えて、どう規制するかを考える時期が来ていると思います。実質的には国の公認ギャンブルであるパチンコ、競馬、競輪、競艇、さらにトトカルチョまで、それぞれが異なる省庁の管轄になっていることにも問題が潜んでいるでしょう。

しばらく前頭葉の働きが止まった能楽師

養老　余談ですが、ネットゲーム依存者も、私たちがいま対談をしている北鎌倉のここ、円覚寺・龍隠庵のような場所に身を置くといいかもしれませんね。やることがないと暴れ出すのか、こんなに緑豊かな静かなところでもやはりネットゲームを始めるのか、それはわかりませんが、気持ちは落ち着くのではないでしょうか。

いまふと、アルボムッレ・スマナサーラさんというスリランカのお坊さんのことを思い出しました。以前お会いしたときに瞑想を教えていらして、彼によると「私はこうしています」と自分の動作について集中して考えると、それまで気になっていたことがスーッと消えていくそうです。

ネットゲーム依存の方は頭のなかがゲームのことでいっぱいでしょうから、そこから解放されるのに瞑想は効果的なような気がします。

小泉　なるほど。スマナサーラさんは上座仏教（テーラワーダ仏教）の長老の方ですね。私もお会いしたことがあります。TBSテレビの開局五十周年特別企画の『生命38億年スペシャル〝人間とは何だ…!?〟』（二〇〇六年）という三時間番組で、「瞑想しているときの脳を測ってみてほしい」と頼まれて、TOKIOのメンバーの方と一緒に、ためしに測定させていただき、結果を解説しました。

スマナサーラさんの瞑想で一つわかったのは、頭頂連合野に「物事を客観的に離れて見る」ことを司る場所があって、瞑想中はそこが活性化しているらしいことでした。

養老　幽体離脱……みたいなものかな。能楽師の方が演舞されるときも、前頭葉のところは、ほとんど働いていないのかもしれませんね。

小泉　そうです。梅若猶彦《うめわかなおひこ》さんという能楽師の方が、いわゆる「神が降りてきた」状態に入っているときの脳を、光トポグラフィで測定したのです。舞台芸術の人たちって、ときどき、「神が降りてきた」というような表現を使いますよね。舞台の上で感極まると、自分の意志ではないように身体が動いていく。それは舞台芸術の最高の状態だと。梅若さんは、立禅（立って行う瞑想）のなかでその状態に入れるときがあるのです。

脳科学から言うと、「神が降りてくる」とは、演技への集中が極まると、前頭葉の働きがピタッと止まった状態らしいとわかりました。鍛錬を積んで、身体と一体化した演目が、前頭葉の判断・指令を必要とせずに、自動化されて演じられたとも捉えられます。梅若さんは「脳の高度な指令とは関係なく舞っていたのか」と少しガッカリしていましたが、それこそ至上の舞だったのだと思います。

養老　古武道の甲野善紀《こうのよしのり》さんも似たようなことを言っていました。夢中になると、あるとき自分ではない自分が出てくると。たとえば木の上から落ちたとき、自分でも気づかないうちに体が勝手に動いて、上手に身を守っているようなことがあるそうです。

小泉　進化において最後に発達してきた前頭葉は働かず、もっと深いところにある原始的なところが働くとは、無念無想に近い状態ですね。

養老　脳の場合は、「働く」ことだけが機能だと思いがちですが、「働かない」というのも機能である、ということですね。

何かに「夢中」になることと「依存」は違う

——夢中になれる何かがあることは、幸せを感じる大きな要素の一つだと思うのですが、ネットゲームのように人工的につくられたものはつい行きすぎて、刺激が強くなりすぎるから良くないのですか？

養老 まず夢中にさせることを目的としていること自体が、嘘くさいですね。だからそこにはまると、幸せになるどころか、脳に過剰な刺激を与えて危険になるのです。

もっとも虫に夢中になっている私だって、崖から落っこちそうになったり、うっかりするとクマに襲われたり、けっこう危ない目に遭っています（笑）。安全が保障されていなければ夢中になれない、ということでもない。危険も込みで夢中になれる、危険に遭遇することもまた本望と思えるなら、その人は幸せですよ。

ようするに、何かに依存していることと、何かに夢中になることとはまったく違う。一番の違いは、何かに夢中になっている自分自身を客観視できているかどうか、でしょうね。さっきの幽体離脱に近い。

たとえばファーブルは、自分自身が周囲の人たちとは違う、変わっていることを自覚していました。「野良仕事に出かけるおばさんたちが、朝、しゃがみこんでアリを見ている自分を見かけ、帰ってきたときもまだ同じことをしているのを見て、『あの子、変わってるね』としゃべっていた」という話を、ちゃんと書き残しています。

そう言われることを怒っているのでも、恥ずかしがっているのでもなく、「あー、やっぱり自分は変わった子に見えるんだろうな」と、淡々と受け止めています。

小泉　なるほど。ファーブルとは違うかもしれませんが、イギリスの科学者、マイケル・ファラデーもある種の変わり者でした。異常なまでにたくさんの実験を行い、すべてを克明に記録しています。

私が感銘を受けたのは、fＭＲＩの原理になるようなところを、彼がすでに見つけていたということです。ファラデーの実験日記がロンドンのロイヤル・インスティチューション（王立研究所）に残っているというので、数日滞在して調べました。すると牛から豚から羊から、たくさんの動物の肉を使って、血液の磁性を徹底的に調べていたことがわかりました。

彼が最も興味を持ったのは、血液が固まってかさぶたになった状態と、なっていない状態では磁性が違うということでした。血液に酸素をくっつけた状態（酸素化ヘモグロビン）とはずした状態（脱酸素化ヘモグロビン）とでは磁性が反磁性から常磁性へと変わります。その性質って、ライナス・ポーリングがその理論を研究し、まさにいまのｆＭＲＩに利用されている原理のおおもとなのです。

ｆＭＲＩについては、見つけたのは誰だとか、ノーベル賞候補になるとか、いろいろ騒がれますが、肝心な根本については二百年以上も前に生まれたファラデーがすでに気づいていたことだったのです。何かに夢中になって、徹底的に突き詰めていく人のなかから、傑物が出てくるのでしょうね。

勉強とは、自分の頭を整理するために行うこと

養老　何かに関心を持ち、もっと深く知りたいと思えば、自然と夢中になって、のめりこんでいくものです。もちろん人によって、関心の持ち方は違います。大事なのは、誰かに教えてもらうのではなく、自分自身で突き止めたい何かを見つけ、意欲的に取り組めるかどうか。そこが、何かに夢中になれる人と、なれない人の違いでしょう。

私はよく「勉強は自分の頭を整理することですよ」と言っています。逆に言えば、自分が

見ている世界の見方を整理するために勉強するのです。学者が「根本原理を一つ発見した」と言えば、それは「頭を整理して、原理がわかった」ことにほかなりません。

最近の例では、知り合いの数理科学者、津田一郎さんが書いた『心はすべて数学である』（文藝春秋）という本があります。当然、「心は人によって違うでしょ」という反論が出ます。しかし彼は、「どんな反論があろうと、それは誤差に過ぎない」と言い切っています。彼は「原理という視点で見れば、心はすべて数学で一括りにできる」というふうに、頭を整理したのだと思います。

同じく知り合いの郡司ペギオ幸夫さんは著書『天然知能』（講談社選書メチエ）のなかで、「人工知能でも、自然知能でもない『天然知能』が創造性を生み出す」といったことを書いています。よくわからないが、彼にとっての原理なのでしょう。彼の本はいつもよくわからないまま読んでいる感じです。知り合いなので。

小泉　養老先生にいろいろなことを教わったなかで、いま、「伝説の解剖学者」とも呼ばれた三木成夫先生のことを思い出しました。大学に入った当時、東京医科歯科大学で助教授をしていた三木先生にたのみこんで、「骨学」の授業を取らせていただきました。とりわけ「人間はもともと、入り口が口で、出口が肛門の一本の管、ただのチューブだった」という三木先生の論理は印象的でした。

管の外側を構成しているのが皮膚、筋肉、神経などの「動物器官」で、管の内側は腸管や循環器、腎泌尿器《じんひにょうき》、生殖器などの「植物器官」だという。その通りだと感動したことを覚えています。

認知症の予防・改善が期待できる「学習療法」

――小泉先生は子どもだけではなく高齢者の脳の問題にも取り組まれています。どんな研究をされていますか？

小泉　ここ数十年、「ある程度の高齢になっても、脳を健やかに保つにはどうすればいいか」ということが非常に重要な課題になっています。「人生百年時代」とも言われ、平均寿命がどんどん延びていくなかで、脳血管障害を起こしにくくすることに加えて、脳の機能自体に直結した対策が求められているのです。認知症を起こさないために何をすればいいかを考えるとき、脳科学の視点が必要になってくると、私は考えています。

もっともよく知られているのは、東北大学の川島隆太先生が取り組まれている「認知症高齢者の学習療法」あるいは「大人のドリル」というものがあります。二〇〇二年に国立京都国際会館で国際会議が開かれて、私も組織委員長を務めさせていただきました。

高齢者の学習療法とは、「認知症とは脳、なかでも大脳の機能不全である」という考えの下で、「脳を使わせる」ことにより大脳の前頭前野の働きを向上させることを目的に開発された療法です。よく知られているように、前頭前野のなかでも「ワーキング・メモリ」と呼ばれる機能は、いま行っている作業や動作に必要な情報を一時的に記憶し、その記憶に基づいて一連の作業を効率的に実行することのできる能力を意味します。「高齢者の学習療法」はこのワーキング・メモリを鍛えるためのトレーニングなのです。

実際、川島先生と生活介入実験を行ったところ、年齢層にかかわらず、読み書き・計算によるトレーニングを行った人は、やらなかった人より認知能力が顕著に伸びるケースがある、という結果が得られました。いくつかの顕著な例は報道されたり、特別番組にもなりました。

認知症に対する効果については、「本当に認知症は軽減するのか。血管性の障害やアルツハイマーなどの症状の悪化を遅らせることができるのか」など、いろいろな議論がありますが、少なくとも、学習療法によって大脳の前頭前野の血流が増えており、より栄養も行き渡っているのはたしかなところです。年齢を重ねても、脳の働きが衰える度合いを小さくすることができる可能性があります。

ただ効果を科学的に証明するのが、けっこう難しい。学習療法を受けると、たしかに効果が出るのですが、トレーナーの多くはやる気のある溌溂《はつらつ》とした若い人々なので、認知症一歩手前の高齢者にとっては学習をする時間が楽しくて、待ち遠しくてしょうがないわけです。そういう要素が入ってしまうと、その効果もデータに反映されて、厳密な意味で正確なデータが取れなくなるのです。

そんなふうに別要素の影響を受けないように、川島先生には細心の注意を払ってくださるように、研究統括の立場からお願いしていました。いまでは国際的にかなり水準の高い論文を出されていますし、私も学習療法は認知症の予防にも、すでに認知症になった方の症状改善にも役立つ部分はかなりあると感じています。

教育の最終目標

——最後に、教育の最終目標は何だとお考えになりますか？

小泉　「脳科学と教育」に取り組んだ当初は、「子どもたちが一生を通じてより良く生き、幸せになる」と、そこを最終目標に置いていました。年齢を重ねるにつれて、脳科学と並行して、人文科学系や社会科学系の勉強もしまして、やはり教育の最終目標は子どもたちの幸せにあると確信を深めています。

ただ「幸せ」という言葉自体の定義が、なかなか難しいですね。英語だと「happiness」と「well-being」の二つがあって、語源を調べてみると、「happiness」のほうはやはり「happen」と同じで、「時間とともに変化するもの」でしょう。あるとき幸せでも、しばらくすると状況が変わるという。

一方、「well-being」は、もう少し意味が深くて、「より良き生存」と言いますか、「生きがいをもって生きると同時に、安全も保障されている」というふうに捉えられます。西洋の古来の哲学者が考えた「幸せ」は、この「well-being」に近い感じがします。

比較的最近（二〇一七年）、シュプリンガー社から出版された書籍に一つの章を書いたのですが、章の題目を「人々の安寧とより良き生存のための科学的な学習と教育」（Scientific Learning and Education for Human Security and Well-being）としました。末尾の Human Security and Well-being は、先に述べましたエマさんが“Human Security”の提案者で、Well-being

はエマさんとの議論で私が付け足したものです。一九九六年に共同提案したもので、その後ずっと使い続けています。今では日本工学アカデミーの目的もEngineering the future toward human security and well-beingとなりましたし、種々の機会に使われるようになりました。

さらに、そこを踏まえて、私がいま「倫理」の視座から興味を持っているのは、「共感性」という概念です。たとえばイギリスの経済学者アダム・スミスは、二大著作の一つ、『道徳感情論』を「sympathy（共感）」という項目から書き起こしています。そこから考えると、本来の経済学の出発点は共感にあるのではないかと思えます。アダム・スミス自身、もともとは倫理学の教授ですし、人間だけが持っている高次の「共感」能力に、社会に生きる人間のあり方を求めたのではないかと思うのです。その前提の下に、『国富論』に書かれた「見えざる手」（Invisible Hand）という概念が加わるのではないかと考えています。

またカントは晩年、倫理のほうにどんどん入り込み、そのなかで「自分が幸せを追求するのは権利である。と同時に、他者の幸せに尽くす義務がある」というようなことを最晩年の『人倫の形而上学』に書いています。「他者に共感し、他者の幸せのために尽くすことが、自分の幸せにつながる」と考えたのだと思います。これは目下、地球上の極端な「経済格差」

を軽減するにはどうしたら良いかと、経済学者の方々と議論をしているところです。

そういったことから私はいま、幸せのポイントは「共感」能力、言い換えれば「温かい心」（Warm-heartedness）を育むことにある、それこそ子どもたちが幸せになるための教育の最終目標であると考えています。ぜひ養老先生のご意見を聞かせていただきたいのですが。

養老　一つ、ヒントになるのは、「人生には意味がある」というV・E・フランクルの考え方でしょう。第二次大戦中、ナチスによりアウシュビッツの強制収容所に送られた彼は、収容所での体験を書いた『夜と霧』（みすず書房）や『意味への意志』『〈生きる意味〉を求めて』（いずれも春秋社）など、多数の著書を残しています。そのなかで「人生の意味」を論じていて、彼は一貫して「人生の意義は自分のなかにはない」としています。自分の外側にしか、自分を実現する場はない、ということです。

別の言い方をすれば、幸せというのは物質的に満たされることより、いま置かれている状況に満たされ「自足」して生きることにある、と考えられるのではないでしょうか。年を取ると「もう何もいらない。いまのままが幸せだ」としみじみしてくるものです。

小泉　たしかに巨万の富を築いたがために、失うことの恐怖から逃れられず、幸せどころか不幸になる人も少なからずおられます。

かつて、米国の大富豪のご厚意で、ニューヨークの別荘を、お手伝いさんやシェフ付きで、二日間だけ自由に使わせていただける幸運に恵まれたことがありました。けれども、二日間幸せな時間を過ごしてみて、その素晴らしい経験だけでもう十分有難いと思いました。たしかに自家用ジェットも快適で便利だったし、外洋航海用の自家用船舶も、楽しいクルーズも素敵でした。心から感謝するばかりです。

けれども私は貧乏性なのでしょうか。養老先生がおっしゃったように、まさに今いるその場で「自足」できることが幸せなんですよね。そして好きな実験をしたり、初めての経験にワクワクしたり、新しいことをとことん考えるのが楽しくてしかたないのです。それに我欲の少ない人々の環のなかにいることが、とても幸せですね。

子どものころに周りの自然に触れて、入り込んで、脳の神経系と身体系の土台をしっかりつくれば、年を取ってから体も頭も動かなくなる、なんてことはありません。自由に体を動かし、好きなことをして、「自足」という幸せを心から感じられる。そんな〝将来の幸せな大人〟をつくることが教育の理想ではないかと再認識しました。

第四章

自分の頭で考える人を育てる——自由学園の教育

高橋和也×養老孟司

TAKAHASHI Kazuya ／ YORO Takeshi

【高橋和也　たかはし・かずや】　自由学園学園長。一九六一年生まれ。自由学園男子部（中等科・高等科）を経て、同最高学部（大学部）卒業。早稲田大学大学院（教育学研究科　学校教育専攻）修了。一九八六年に自由学園本務教員となる。男子部長、副学園長を経て、二〇一六年より現職。共著に、尾木直樹編著『子どもが自立する学校』（青灯社）。論文に「羽仁吉一の生涯と思想の研究」など。

自由学園での講演で話したこと

高橋　三年ほど前、養老先生に本学園でご講演いただきました。

養老　そうですね。何をお話ししたのだったか……。

高橋　あのときは「子どもたちを自然のなかに。脳化社会のその先へ」というテーマで、こんなお話でした。

――「自分」とは最初、直径〇・二ミリの受精卵だった。それが五〇キログラム、六〇キログラムの大人になっていく。「自分」の体は田んぼや畑、海からとってきたものを食べてつくられた。つまり自分自身は環境そのもの。自然の一部である。

ところが都市化とともに、人間は自然からどんどん離れ、現代は意識が肥大化した「脳化社会」になってしまった。ＡＩ（人工知能）化は象徴的な現象で、自然の一部である人間が壊れていっている、という見方もできる。

そんなふうに意識が肥大化すると、死も生も自分で支配できるものと考えがちだが、それは違う。死も生も自分で支配できるものではない。人は与えられた命を全うして生きる存在である。

ともすれば都市化のなかで失われていきかねない「人間らしさ」を取り戻すためには、知識や情報を頭で得るのではなく、自然のなかに身を置いて、五感を通して自分の周りで起きるさまざまな現象を感じ取ることが大切だ。

脳化社会の先を切り拓くのは、泥だらけになって遊びながら自然体験を積んでいる子どもたちなんだ――。

自分で自分の命を絶ってはいけない、ということをずいぶんおっしゃっていたこともよく覚えています。そこは生徒たちの心にもかなり響いたようです。講演後の質疑応答でも、「死を経験するのは本人ではなく、残される他者であるなら、死刑は刑にならないのではないか」「なぜ人は、自分の意思とは関係なく生まれるのか。そのような人生を生きる意味はどこにあるのか」「人工知能が人間を教えるようになると、人間が教える授業にどんな意味があるのか」などの質問が出ました。

養老先生も控え室に戻られてから、「驚きましたね。三人の生徒たちの質問はどれも本質を突いていて。相当成熟していますね」とおっしゃってくださいました。

養老　自分で考える、という教育方針が行き届いているのでしょう。その講演会での一コマ

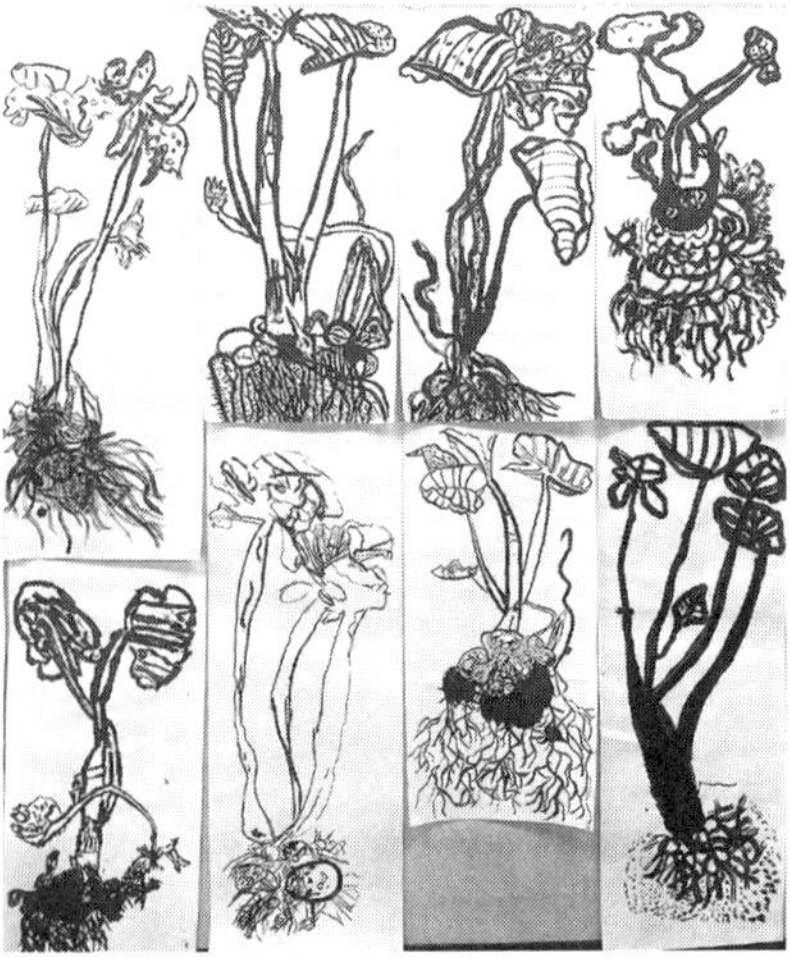

初等部（小学生）の美術作品より
（上：畑で育てたサトイモを収穫した日に描く［４年生］
下：初等部の庭で見つけた虫から生まれた作品ほか）

もさることながら、初等部の美術作品展を見せていただいたことが印象深かったですね。生徒さんたちの描いた絵が、どれも彼らの生き生きとした気持ちを映しているようで、非常にすばらしかった。私自身は特段絵が好き、というわけではないのですが、持って帰って家に飾りたいと思ったくらいです。

高橋　それはうれしいお言葉です。ちょうど小学校の美術作品が展示されていたときでした。絵を見ながら、学園内を歩きながら、養老先生が何度も「どうして日本中にこういう学校が広がらないんでしょうね」とつぶやかれたことを思い出しました。「ああ、応援してくださっている」と心強く感じました。

外面的な成功ではなく、人間としての成長を願う学園

――自由学園とはどんな学校なのか、まず創立の経緯から教えていただけますか。

高橋　ともにクリスチャンであり、ジャーナリストであった羽仁《はに》もと子・吉一《よしかず》夫妻が一九二一年に創立した学校で、二〇二一年にちょうど百周年を迎えました。羽仁夫妻には三人のお嬢さんがいて、その子どもたちを託したいと思える学校が見つからず、それならば自分たち

の手でと、意を決してつくったのです。

創立者の羽仁もと子は、青森県八戸市の出身で、十六歳のときに東京への遊学を決意して故郷をあとにしました。その後、紆余曲折《うよきょくせつ》を経て、報知新聞社に入社。かねての念願が叶って、日本初の女性新聞記者の一人になりました。

時代はまだ明治の終わりごろですから、女性ゆえに取材先でからかわれたり、相手にされなかったりすることが多かったようです。それでも社内には、偏見なく女性の力を認める男性上司たちがいて、女性の視点で書いた記事がしだいに評価されるようになったといいます。

そんなもと子は自分より三年後に報知に入社した七歳年下の吉一に出会い、翌年、二人は結婚します。吉一は二十一歳という若さです。当時は社内恋愛など珍しかったのでしょう、新聞社は騒然とし、もと子は退社、吉一は左遷に追い込まれたのです。

いまでは考えられないことですが、それがもと子・吉一の生涯続く共同作業の始まりになりました。最初に取り組んだのは、いまも続く『婦人之友』という雑誌の前身となる『家庭之友』の創刊です。一九〇三（明治三十六）年のことでした。

もと子が書き、夫が経営に当たりながら育てたこの雑誌の誌面を通じて、二人は「夫婦の愛をベースに健全な家庭をつくり、同時に社会をより良く変えていこう」というメッセージを発信し、支持者を増やしていったのです。

順風満帆《じゅんぷうまんぱん》に見えた事業ですが、夫妻は次女の涼子さんを一歳七カ月で亡くすという大きな試練に直面し、その悲しみの中でキリスト教への信仰がいっそう深められていきます。そして「子育てや教育は立身出世といった外面的な成功のためではなく、何よりも子どもたち自身のなかにあるものを信じて、神によって与えられたそれぞれの価値ある命を十分に発揮して、一人ひとりがその人らしく生きる手助けをすべきものである」と考えるに至りました。

自由学園の創立はその十五年後のことです。羽仁夫妻は「資格重視、知識偏重の外面を整える〝詰め込み教育〟を廃し、生活そのものから学びつつ、子どもたちの心と体と魂が豊かに成長する教育を実現する」ことを願って、学校をつくりました。この方針は「思想しつつ生活しつつ　祈りつつ」「生活即教育」という標語で表されています。

「自由学園」という名称は、新約聖書のヨハネによる福音書第八章三十二節の「真理はあなたたちを自由にする」に由来しています。そこに「真理である神の愛を知り、愛をもって自由を行使できる人、〝真の自由人〟を目指して歩みたい」という願いを込めたのです。

――最初は女子校として出発したんですね？

自由学園明日館

高橋　はい、「新時代の女性」のための教育です。場所はいまの池袋です。ちょうどそのときにアメリカの建築家フランク・ロイド・ライトが帝国ホテルを建てるために来日していて、自由学園の校舎の設計を引き受けてくれたんです。食堂が真ん中にある小さいけれど美しい建物です。ライト自身が「自由な心を基調としたこの小さな学校は、広い世界の中でも価値の高い学校の一つ」という言葉を残しています。その校舎はいま、「自由学園明日館《みょうにちかん》」と名づけられ、社会活動の場に活用されています。建物も当時のままに国の重要文化財として動態保存されています。ありがたいことです。

キャンパスは一九三四（昭和九）年に、現在の東久留米市に移転しました。小川も流れる緑豊かな三万坪のキャンパスです。幼児生活団（幼稚園）、初等部（小学校）、女子部／男子部（中等科・高等科）、最高学部（二年・四年課程）という構成で、全校あわせて八〇〇人の小さな学校です。女子部、男子部、最高学部には寮があって、全国各地から入学した生徒たちが寮生活を営んでいます。加えて数年前からは、四十五歳以上の人を対象にした生涯教育

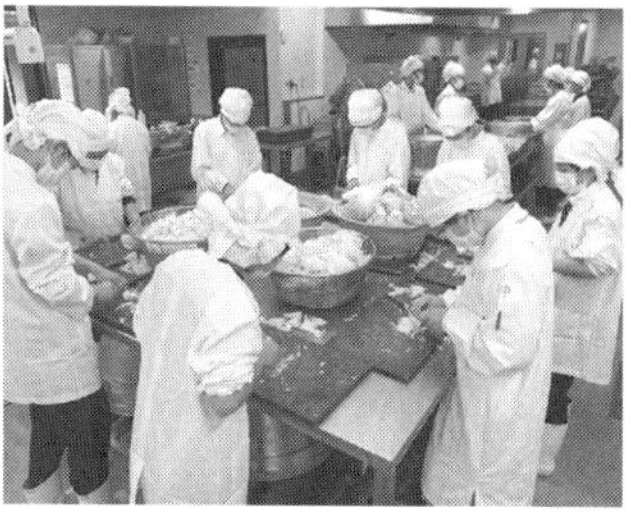
自由学園の厨房今昔。生徒が自らの昼食をつくっている

の場（リビングアカデミー）を創設しています。

創立当時、学校はどこでもお弁当持参でした。子どもたちは毎日冷たくなったご飯を食べていたわけです。これに対してもと子は、学校でも家庭のように温かい昼食を皆で一緒に食べたいと願い、生徒自身が協力して昼食をつくることを始めたんです。これが百年後の今も続いています。

――初等部のときから、自分たちの食べるものを自分たちで畑で育てたり、中学からは寮生活も経験すると聞きましたが。

高橋　野菜を育てる体験は幼稚園からです。初等部では、自分たちで掃除して集めた落ち葉や昼食の残飯で堆肥《たいひ》もつくっています。自分たちの畑や田んぼで収穫した食材は昼食の食卓に上がります。

中学からは寮もあり日本中から、海外からも生徒が集まっています。寮も生徒たちの自治です。高校三年生の寮長や委員長も自分たちで選ぶ。朝食当番は皆より早く起きて全員の朝食をつくり、洗濯も掃除も、すべて自分たちで行い自立と協力を学びます。自分の机や椅子も自作します。数年前には、先輩たちが七十年前に植林し、生徒学生たちが代々育ててきた木材を使った校舎も建ちました。
自分たちのことは自分たちでやる。自分たちで考える。「自労自治」「生活即教育」が、自由学園のモットーです。

このままの教育では子どもたちがおかしくなる

——羽仁もと子さんは当時の教育のどういうところに問題があると考えたのですか？　その問題はいまも続いていますか。

高橋　ほぼ百年前の時代に、すでに暗記を中心に知識を詰め込むことで、学力を判定するような受験体制が出来上がっていました。その意味では、いまなお解決を見ない教育の問題の萌芽があったと言えます。
明治に入って以降、日本は急速に近代化の道を突き進みました。「富国強兵」を国家的スローガンに掲げて、欧米に負けない強い国をつくろうという気運が高まりました。そういった時代背景があって、「国を支える人材をつくる」ことが教育の目的となり、同時に教育が男子の立身出世の手段となってしまった部分があります。

勢い、〝受験戦争〟が熾烈《しれつ》になり、競争のなかで精神を病む受験生が出てきました。それが当時すでに社会問題にもなっていたのですから、とても昔の話とも思えませんよね。

そうしたなかでもと子は、「形式的に物事を押しつけられて育った子どもは、自分の頭で考えることができなくなる。このような教育は精神的に人を殺す殺人教育である」と、強い口調で述べています。

ですから自由学園では、創立当時もいまも、「子どもたちが自分の頭で考えることのできる人になる」ことを願っているのです。

養老　たしかに知識偏重の教育というのは、いまも続いていますね。できるだけそうならないようにしていると思うんですが、なかなかうまくいかない部分が多いようです。特に試験制度はシステム的に、ある程度の知識がないと、もしくは知識がたくさんあったほうが有利だ、というふうになっちゃってますよね。

もっともいまの時代、ネットの使い方さえわかっていれば、たいていのことは調べられますから、暗記して詰め込んでいる知識がどのくらいあるかを試験したところで、あまり意味がないようにも思いますが。

いずれにせよ制度的にできることには限界があります。簡単ではない。先ほど、自由学園は創立百周年を迎えたとお聞きしましたが、百年かかってようやく多少の結果が見えてきたというところではないでしょうか。教育の問題というのは、「ああすれば、こうなる」というものではなく、成果が出るまでにかなりの時間を要するものなのでしょう。

高橋　もちろん日本の教育は、百年前から変わらない問題を抱えていますが、まったく変わっていないということはありません。当然、変わってきています。いまや世界の誰も「知識を詰め込めばいい」なんて思ってはいないでしょう。実際、文部科学省も新しい学習指導要領のなかで「よりよい学校教育を通じてよりよい社会を創る」といった目標を掲げています。この目標を学校と社会が共有し、連携・協働しながら、新しい時代に求められている資質・能力を育むことを目指しています。

ただ養老先生のご指摘通り、とりわけ入学試験の場面では、「知識以外のものを試験でどう問うか」というのが非常に難しいと感じています。

中学受験の難点とは？

高橋　自由学園では、そこをクリアする一つの試みとして、入学試験に「共同作業」を取り入れています。私自身も自由学園の入学試験でこれを体験し、試験後にもっと自由学園に入りたくなったことを覚えています。

どういう試験かといいますと、小学生の受験生たちが試験を受けるその日に初めて会った人とグループをつくり、与えられたテーマの下、与えられた道具を使って、共同で工作をしてもらう、そして会場に保護者も迎えて作品についてのプレゼンをするというものです。テーマには、たとえば「人が渡れる二メートル以上の橋をつくってください」とか、「長距離を転がる球体をつくってください」といったものです。

自由学園の入学試験である「共同作業」でつくられた作品

蓄えた知識を使って問題を解いていくことも大切ですが、こういう課題を与えると、協調性、発想力、創造力、リーダーシップなど、さまざまな能力が発揮されます。子どもたちの持っている力を多面的に引き出せる形だと思っています。

養老　それはいいですね。

高橋　受験って、数値化された評価によって子どもを序列化していくことで成り立っていますよね。そうなると子どもたちも知らず知らずのうちに、「自分は限られた枠のなかで序列化されている」と意識せざるをえません。自分はあの子より上だとか下だとか、そんなことを気にしてしまうんです。

子どもが育っていくうえで、それが中心になってしまうのは怖いことです。試験の点数など、人間のごく一部の能力に過ぎないのですが。とはいえ自由学園も受験のある学校ですから、これは私たち自身の問いでもあります。

養老　私が中学を受験したころは、まだ、いまで言う偏差値のようなものがあるわけではなし、自分が数値化された評価で序列化されているという意識は希薄でしたよね。ましてや私の進学した栄光学園は、できて四年目の新しい学校でしたから、定まった評価もなくて。

でも先ほどの高橋先生の共同作業の話で思い出しましたが、同じ小学校の同級生が集まって、自分たちで勝手に勉強会をやっていました。受験する以上、システムは変えられないからと、どうすれば試験を切り抜けられるか、知恵を絞り合ったり、わからないところを教え合ったりしていましたよ。

そのころの仲間とは、いまも会うと「勉強会、やったよなあ」という話になります。いい思い出です。

高橋　仲間との勉強会なら、序列ができにくいですね。

　数値化される評価の場合、簡単に序列がつけられます。その評価を鏡うつしするように自己評価に投影させるがゆえに、自己肯定感が低くなってしまうことがよくあります。日本の子どもたちは自己肯定感が低いとよく言われますが、その辺りにも一因があるかもしれません。

　だからこそ受験にしろ、普段の学校生活にしろ、いかにして評価の軸を多様化していけるかを考えることが、とても大事だと思います。

「一年間に何を学んだか」を自己評価させる

――では自由学園では、生徒をどう評価しているのでしょう？

高橋　大学進学を前提にすると、それに対応する評価を出さないわけにはいきません。しかし創立当初から英語劇や「勉強報告会」など、学んだことを生徒が自分の言葉で発表することが奨励され、発表そのものを学びの成果とする方法を採ってきました。現在はこの形を進化させているところです。これに加え中高では、＋αの評価として「まとめ」というものを取り入れています。一年を終える段階で、子どもたち自身が一年間、それぞれの教科ならび

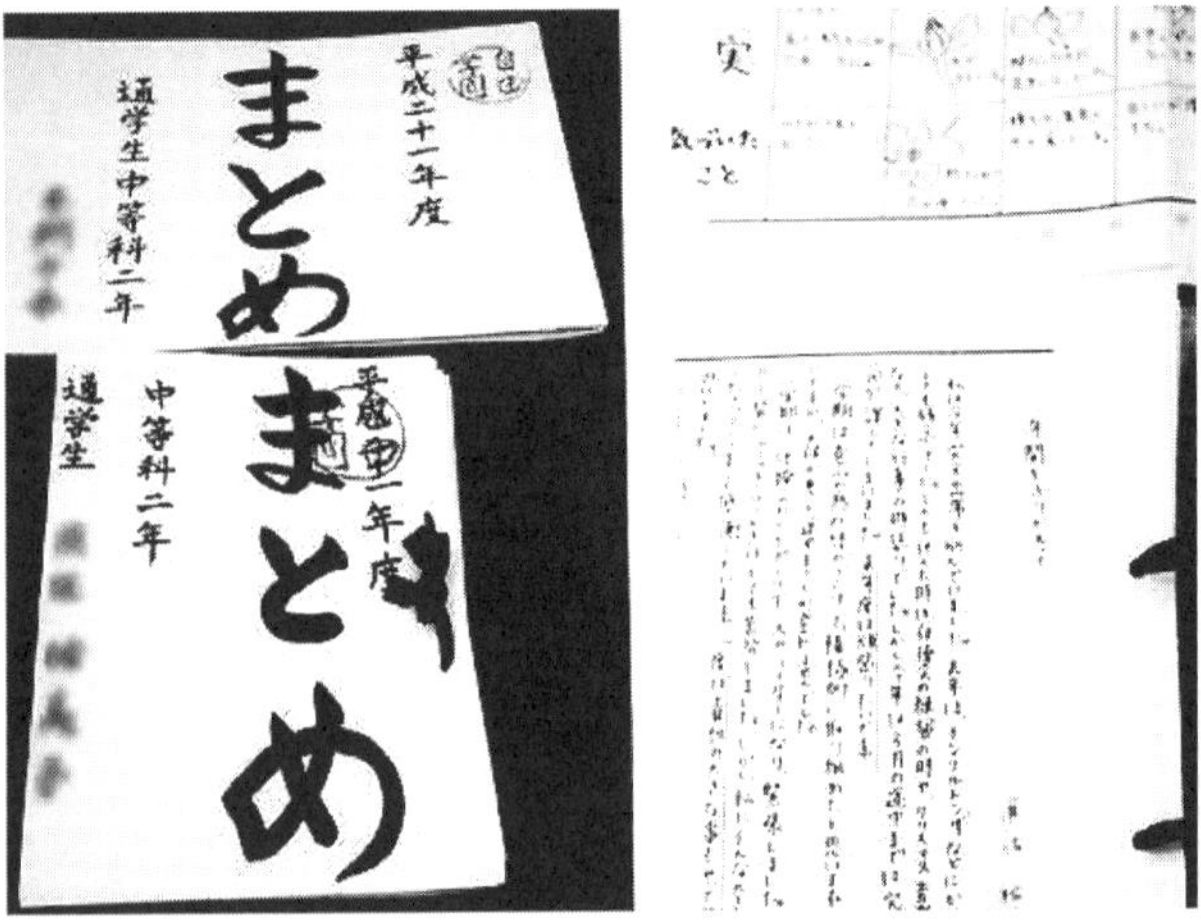

生徒がつくる、一年間の「まとめ」

に学校行事、委員会活動、生活全般で何を学んできたかを、自分の言葉で書くというものです。

言ってみれば「自己評価」ですよね。これは八十年前からの取り組みです。教員はその「まとめ」に対してコメントを寄せたうえで、各家庭に送ります。自分が何を学び、どう成長したかは、テストの点数以上に大事なことだと思うからです。

小学校でも、保護者を招いて「学びの発表会」を行っています。つい最近の会では、たとえば四年生は「水」をテーマにしました。多摩川の源流から羽田の河口までを見学し、その途中で水の色や川幅、水流、周囲の環境などを調べました。また校内では大学部の学

左上：「学びの発表会」で質問に答える初等部２年生
右上：４年生の「川・水の学び」の発表
下段：多摩川の上中下流を実際に見に行き学ぶ

生や教員がサポートして井戸水調査や井戸掘りの体験などもしました。「地下水がきれいなヒミツ」「自由学園で使っている水の量」「水道水と井戸水の味について」「立野川の地形」など、それぞれの関心ごとにグループで学びを深め発表しました。「玉川兄弟」の劇も交えつつ、生き生きと報告する様子が印象的でした。生徒自作の簡易濾過《ろか》装置で、泥水が澄んだ水に変わる様子には私も驚きました。

これらの学びにおいては評価するというより、自分の頭で考えるプロセスそのものを大切にしています。強《し》いて言うなら、何をどのようにどこまで学んだかを、教師が生徒といっしょに「評価」しています。小さいうちからこういった学習をすると、自然と「学ぶ力」が養われると確信しています。

養老　教育はそういった試みが当たり前に行われるべきなのに、いまはその当たり前が通用しなくなっているように思います。おそらく先生方にはいろいろやりたいことがあるんでしょうけど、何かしら障害があるのか、思うようにできないのでしょう。

大学で教えていると、「よくここまで上手に教育制度に適応してきたな」と思ったこともしばしばです。これは褒め言葉ではなく、「自分の頭で考えず、何の疑問もないまま頭に知識を詰め込んできたんだね」という半ば皮肉です。

いつも例に出すのですが、「コップに水が入っていて、そこにインクを一滴たらすと、しばらくして消えてしまう。どうしてだと思う？」と問うたとき、ある学生から「そういうものだと思っていました」という答えが返ってきました。

これもまた皮肉な言い方をすれば、それが近現代の教育の意図する模範解答だということです。高校のときに「そこから先は考えなくていい」という答えを、自分なりに発見したのかもしれません。

世間のことは「そういうものだ」ですませられることも多いでしょうが、自然科学はそうはいきません。常に「なぜ」と問いを発し、自分の頭で考えることをしないと、学問として成り立ちませんからね。

いま、高橋先生のお話をうかがっていて、「君子の三楽」という孟子の古い言葉を思い出しました。立派な人物の三つの楽しみとして、「父母兄弟が健在であること」「天や人に対して恥じるところがないこと」の二つに並んで、「天下の英才を教育すること」をあげているのです。子どもを教育する、言い換えれば自分の頭で考える人間に育てるというのは、大変な喜びだということです。

学校のルールは自分たちでつくる

養老　塾とか受験なんかもそうですが、世の中のシステムがちゃんとできてくると、自分の頭で考えることが減ってきます。車が普及すると歩かなくなるのと同じように。先ほど、自由学園は「子どもたちが自分の頭で考えることのできる人になる」ことを願っているというお話がありましたが、システムがきちんとしてきた世の中だからこそ、それは重視しなくてはいけないことですね。

高橋　本当にその通りですね。自由学園には「不便が人を教育する」という言葉があります。私たちが創立以来大事にしているのは「自治」、つまり「自分たちのことは自分たちでやりましょう」ということです。と同時に、自治を実践する、その権利を行使するには、「自ら労働する」ことが必要だと教えています。これを自由学園独自の言葉で「自労」と表現しています。合わせて、先ほど述べた「自労自治」ですね。

どのご家庭でも子どもの自立を願って、子どものころから「自分のことは自分でする」習慣が身につく生活を大切にしていると思います。自由学園ではその延長として、学校でも自分の体を動かして自分たちの生活をつくり出す人になっていくことを願い、自労を土台とする自治を大切にしているのです。

幼稚園では手を洗う、うがいをするといったことから、野菜を育てること、食卓を整えることなど、身の回りの小さなことから年齢に応じて「自分たちのできること」の範囲が広がっていくように工夫しています。

小学校では、たとえば校内の掃除、残飯の処理やトイレ掃除なども、誰かがやればいい、誰かがしてくれるからいい、というものではありません。自分たちの快適な生活は、誰かの陰の働きがあって成り立っていることを知らなくてはいけない。だから子どもたちは、毎日、残飯がどのくらい出たかを量って記録したうえで、コンポストに入れて堆肥化させて畑に戻し、作物を育てる、といったことをしています。

単にテキストやビデオの教材を使って、「環境問題のなかでも食品ロスは、深刻な問題になっています」と教えるだけでは、自分の問題として捉えるのは難しいですよね。そうではなくて、自分たちの出す残飯はどうなっているんだろうというところから考える。そうすれば食品ロスが環境にどんな負荷を与えているのか、改善策として何ができるのかを、実感をともなう形で理解し、考えることができます。

こんなふうに「自労」の「労」があって初めて地に足の着いた考え方ができると、私たちは考えています。

また中高生になると自治の範囲はさらに広がります。時間や出欠席の管理、掃除、校舎の鍵の管理など、学校運営を自分たちの手で行っています。学校のルールも考えます。高等科から自由学園に入

上：校庭の掃除。落ち葉は堆肥にする
下：調理の後片付けも生徒自身で行う

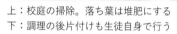

学してくる生徒たちは、まずさまざまな責任を生徒が担い、問題解決に取り組む姿に驚くようです。

たとえば「自由学園に入学するまでは、学校のルールは守るものだと思っていました。自分たちで学校のルールをつくる、なんて発想はまったくありませんでした」といった声も耳にします。

また「中学時代を振り返り、大人から言われる通りに行動するのは、意外と楽なことだったなと思いました。逆に言えば、自由学園に入学し、何でも自分たちで考えなくてはならない生活は、楽ではないとよくわかりました。でも、こうしたほうがいいかな、ああしたほうがいいかなと、広く物事を見渡してあれこれ考えるようになったおかげで、視野が広がりました」というような感想を言ってくれた生徒もいます。

養老　自分で考えて行動することが楽ではない、という発想はおもしろいね。

高橋　こういう声を聞くと、よく学んでいるなと実感します。

さらに詳しく紹介すると、その子の中学生のときの悩みは、自分の成績のことや、自分の対人関係のことや、進路のことといった、自分に関することだったそうです。ところが、自由学園に入っての悩みは、みんなの生活がどうしたらもっと良くなるだろうかとか、下級生の生活がもっと快適なものになるためにはどうすればいいのだろうかとか、周りの人に関する悩みごとに広がったというのです。

楽じゃないこと、面倒なことばかりなんだけど、実は温かいつながりというのはそうした面倒さから生まれてくることなんだと実感しているようです。これまでは自分が助けられた、今度は自分が助ける側になろうと、周囲とのつながりを大切にしている生徒たちが育っていることをうれしく思っています。

子どもは木に登りながら落ち方も学ぶ

養老　以前、ブータンに行ったとき、中学生か高校生ぐらいの女の子が野原で本を読んでいました。明治時代を彷彿《ほうふつ》とさせるような、何とも言えない、とてもいい「学びの風景」でした。本を読むこと自体は、基本的に不健康なんですが、野原という自然のなかだと、逆に健康的な遊びのような印象を受けますね。

私が子どものころはまだ、本を読むのは不健康だという感覚が〝ちゃんと〟残っていたような気がします。親や周囲の大人たちから「本を読んでばかりいると、ろくなことにならないよ」といったことも言われましたし、やっぱり「子どもは外に出て、体を使って遊べ」ということだったのでしょう。

――自由学園の生徒さんたちは外で遊びますか？

高橋　ちょうど四階にある私の部屋から小学校のグラウンドがよく見えるんですが、休み時間や放課後など、子どもたちはいつもにぎやかに遊んでいます。コロナ禍にあっても活発に遊んでいて、こちらがヒヤヒヤするくらいでした。

木登りの様子もよく見えます。うまい具合に、年齢によって登れる木がさまざまあるので、それが格好の遊び道具になっています。

一年生の小さい子どもはまず、枝が緩やかに横に伸びている松の木にトライする。それが登れるようになると、次は数本の紅葉の木に挑戦する、というふうに、上級生を見ながらだんだん高い木に登れるようになることを楽しんでいます。子どもたちは登り方を身につけながら、安全な降り方、自分はどれくらいの高さからなら飛び降りることができるかといったことも体得しています。遊びではありますが真剣です。

危ないのは、子どもには登れない木の高い枝のところに、大人がひょいとのっけてあげることです。町の公園などで、よく見かけませんか？　私などは見ていてドキドキします。

木登りをする子どもたち

なぜなら、それは行きすぎた手助けだからです。子どもから、自分に登れる木かどうかを判断する機会を奪うことになりかねないし、木に登るとはどういうことかを経験しないために落ちる危険も増すのです。

また休み時間には、上級生がグラウンドに出てきて「○○して遊ぼう」と声をかけると、いろんな学年の生徒たちが「入れて、入れて」と集まってくる。たちまち複数のグループがグラウンドのあちこちにできて、それぞれが思いのままの遊びを始める、そんなシーンを見かけます。

数年前に、「レゴ」という組み立てブロック玩具の会社で商品開発を担当するグローバルチームの方たちが、イギリス、フランス、デンマークからはるばる自由学園を見学に見えたことがあります。「世界中の創造的な教育をリサーチしている。子どもたちはどんな遊びをしているのか。新しい遊びがどう生まれ、子どもたちの意欲がどう発揮されるのか。ぜひ見学させてほしい」というのです。「自由学園にはレゴのようなカラフルな玩具も設備も何もありませんよ」と申し上げたのですが、だからこそ見学したかったのかもしれません。

半日ほど、子どもたちが生活し遊ぶ姿を見て、レゴの人たちは最後にこう言われました。「何かで遊ぶのではなく、毎日、自分たちで工夫して遊びをつくっているのですね。とても刺激を受けました」と。

子どもにとっては遊びも自治ですよね。ときに怪我もありますが、ご家庭も怪我をしないことが一番大事なことではないと理解してくださっているので、そういった見守りのなかで、子どもは自由にチャレンジできるんです。

子どもは外で遊ぶことが基本

養老　いまは子どもがあまり外で遊ばなくなったようですが、自由学園の生徒たちは自発的に外に出て遊ぶんですね。すばらしいと思います。

私の時代は中学でも、「休み時間は外に出て遊ぶ」のが義務のようになっていました。授業が終わってベルが鳴ると同時に、先生から「外へ出て体を動かせ」と掛け声がかかるんです。否も応もなく、休み時間中、ひたすら遊ぶ。

そして次の授業の始業のベルが鳴ると、ボールなどの遊び道具を足もとに置いて、その場で「気をつけ！」の姿勢を取る。で、ベルが鳴り終わると、校舎の入り口まで全力疾走して集合し、授業に向かう。そんな感じでした。

高橋　休み時間に限らず、たとえば美術の時間では、「今日は虫の絵を描きましょう。まず十五分間、虫をとってきてください」などといって、虫とりから始めることもあります。養老先生も大好きな虫とりは、子どもにとっては授業中とはいえ半分遊びのような感じかもしれません。

子どもたちは日ごろからよく虫とりをするので、どこにどんな虫がいるか、よく知っています。それぞれが思い思いにとってきた虫をケースに入れて、楽しそうに観察しながら絵を描いていています。私が教室に見にいくと、「カタツムリは食べる物によって、お腹の色が変わるんだよ」と解説してくれたり、「これはダンゴムシだね」と声をかけると「違う、ワラジムシだよ。ダンゴムシとワラジムシは違うよ」と教えてくれたり。自然と共に生きる喜びを体感できるフィールドがあることは、とても恵まれていると思います。

養老　そうですね。画面越しながら、高橋先生の背景にある自然を眺めていますと、何となく雰囲気が良くて、行きたくなります。

高橋　ぜひいらしてください。夏ごろは毎年、タマムシがいますよ。

養老　そこにエノキがありますものね。

高橋　エノキですか。

養老　はい、タマムシはエノキに発生するんです。

高橋　そうなんですね、勉強になりました。

少数派の立場に立ったリーダーの対応

養老　栄光学園の思い出をもう一つ。授業が全部終わると、全員が上半身裸で校庭に出ていって、ラジオ体操をしたことを覚えています。真冬でもやっていました。いまもその伝統は続いているようです。やめると言うと、同窓会が文句を言うらしくて。「自分たちも辛い思いをしながらやったんだから、後輩の現役生もやれ」なんて、変な伝統になっています。

高橋　上半身裸といえば、自由学園の恒例の行事に保護者を招き体操を披露する「体操会」というのがありまして、伝統的に男子の中高生は「上半身裸で下は短パン」というスタイルで行われてきました。ところが数年前に生徒のなかからこの伝統に対する疑問の声が上がったんです。

生徒たちはどう対処するだろうと見ていたら、リーダーたちが「強制するのは良くない」と言って、個人の自由裁量に任せることにしました。「裸になってもいいし、裸にならなくてもいい」と。

そんなふうにルールを変えた最初の年、裸になりたくない生徒は一人だけでした。自分以外はみんな裸ですから、それはそれで恥ずかしい。その気持ちを察したのでしょう、壇上で号令を発するリーダーが「よし、自分も服を着る」と決めました。見事な対応でした。

直近の体操会では、上半身裸の生徒と服を着た生徒が半々くらいになりました。

いまの時代、自分の体を人目にさらすというか、見せることへの抵抗感はかなり強いと思うんです。せいぜい家族に見せるくらいで、他人に見せるなど「ありえない」とさえ考えるのではないでしょうか。そういう、言ってみれば「個としての垣根を越えなくてはできない

伝統ある自由学園体操会
（上：最高学部による全員体操　下：女子部によるメイポールダンス）

こと」に、生徒たちは自分で考えて対処しているわけです。養老先生のお話を聞いて、そんなことを思いました。

養老　ギリシア時代に戻っているんですよ。

高橋　ああ、ギリシア時代の彫刻って、たしかに裸ですね。

養老　ええ、完全に裸、リアルに裸です。ルネッサンスにつくられた裸体の彫刻は、それを真似ただけで、実はみんな服を着ているんです。ギリシアの場合は、裸でつき合えないようでは、市民とは認められない、という考えがあったのでしょう。

高橋　それはおもしろい。

養老　ドイツの伝統的な中等学校であるギムナジウムは、その名が古代ギリシアのギムナシオン（体操場）に由来し、もっぱら裸でトレーニングが行われていたそうです。日本で言う「裸のつき合い」のようなものですね。

高橋　へえ、そうですか。自由学園の体操教育のルーツは、ドイツの隣国、デンマークなんです。デンマークの人たちは「生涯、体を動かし、バランスのとれた体をつくろう」と、体操をとても大事にしているそうです。

自由学園とのつながりは、いまから遡ること約九十年前の一九三一（昭和六）年、オレロップ国民高等体操学校の創立者ニルス・ブックの体操チームが自由学園でデンマーク体操の模範演技を披露してくれたことがきっかけです。身体を通じた学びを重視していた創立者は、この体操の素晴らしさに共感し、以来これまでに教師や学生、六〇人余りがオレロップに留学するなど、親しく交流させていただいています。

デンマーク体操で特徴的なのは、単に体を鍛えるだけではなく、器用さや体の強さ・柔らかさを身につけることができる点にあります。先ほどお話しした体操会では、そのデンマーク体操をベースにした体操を中心に発表しています。幼稚園から大学部までの全員が参加して、さまざまなプログラムが披露されます。

自分たちでコロナウイルス対策の実証実験を行う

高橋　つい先ごろ、この体操会をめぐって、生徒たちの〝考え実行する力〟が発揮された出来事がありました。二〇二〇年はコロナ禍で開催が叶わず、翌二〇二一年も非常に難しい状況にあって、学校としては「保護者に来ていただくことはできないから、生徒だけでプログラムを厳選してやりましょう」という考えでした。

ところが感染状況が急激に改善に向かい始めたこともあり、男子部、女子部、大学部の各二名、計六名のリーダーたちが「自分たちで安全なやり方を考えるから、ぜひ保護者の方をお招きしたい」と言ってきたのです。コロナ禍で保護者を迎えての行事は一切行っておらず、学校全体の安全管理に関わる提案だったため、学園長のところに来たわけです。

彼らは国立感染研究所の方にお話をうかがったり、会場の芝生の面積を測定したり、正門から会場までにかかる時間などを計ったり、さまざまな視点から「どうすれば密にならずに保護者に観覧してもらえるか」を考えるなど、ベストな感染対策を徹底的に追求しました。

最終的に、彼らは「一〇〇〇人は入れる」と言ってきたんですね。私はびっくりして「一気に一〇〇〇人はさすがに多すぎるだろう」と言ったのですが、リーダーは「でも、二度実証実験をしました」と。生徒を動員して実地でシミュレーションを行い確認した結果なのです。その熱意と実証を踏まえ、生徒に任せることにしました。その後彼らは来校希望の保護者にご協力いただいて、二週間前から体温を測ってもらう、並び方や受付をスムーズに行うためにいろんな方法を試してみるなど、教員のサポートも受けつつ用意周到に一〇〇〇人入れるための準備を進めていました。

結局、来てくださった保護者は五五〇人程だったのですが、それでもかなりの数です。皆さん生徒たちの細かな指示に従って行動してくださり、天気にも恵まれ、良い体操発表の一日になりました。提案から始まり、熱意で成し遂げたのは立派でした。

「個」でありながら、「集団の一員」であることも意識する

養老　高橋先生のお話をうかがって、自由学園は〝異年齢集団〟が成り立っている学校だな、という印象を受けました。

私が子どものころは、年齢に関係なく近所の子どもたちが集まって、「虫とりに行こう」って遊んでいましたよ。行く先から交通手段、お弁当、かかる費用まで、みんなで考えて出かける、といったことを当たり前にやっていました。最近はそういうコミュニティが壊れていると言われていますが、自由学園にはそれがある。

しかも、みんなが自分の好きなことをして遊んでいるようでいて、バラバラにならずにちゃんと一つの集団としてまとまっている。別の言い方をすれば、子どもたちが「個」でありながら、「集団の一員」でもあることを意識して、いっしょになって遊んでいる。

一般の学校には、そういった遊びの機会があまりないような気がします。教師の仕事量が

多くて時間的な余裕がなく、子どもたちが自主的に協調性を身につけていく過程を見守るだけの余裕がないのかもしれません。そういう意味では、自由学園は「時間をていねいに使っている」とも言えますね。

高橋　年齢を超える交わりということでは、自由学園は同じ敷地内に幼小中高大があり、いま話題にさせていただいた「体操会」をはじめ、美術工芸展や音楽会など、小さい子どもたちから大学部の学生まで、学校をあげて、一緒に取り組む行事があります。

日々の生活では、よく学校で「班」と呼ぶグループを、自由学園では「家族」と呼んでいるんです。みんなが食堂に会し、異年齢の「家族」で食卓を囲んでご飯を食べたり、掃除をしたりなど、学年の垣根を越えた暮らし方をしています。中学以上は寮もあり、女子部生徒はこのつながりを「兄弟姉妹」と呼んで大切にしています。そんななかで自然と〝異年齢集団〟が成り立っているのだと思います。

この二年ほどはコロナ禍で、みんなで集まって何かをすることが難しくなりました。人と人が離れて過ごすことが良いこととされてしまいましたから。そんななか学校でも寮でも、常に生徒のなかから「つながりを大事にしたい。その気持ちをみんなで共有し、自分たちに何ができるかを考えよう」という動きが生まれ続けていることはうれしいことです。〝発信源〟は、女子部・男子部それぞれの学校運営の先頭に立つ委員長、副委員長、寮長を中心とする上級生たちでした。彼らは選挙で選ばれ、任期は約五十日間。その時々の課題解決にあたります。

――若い人ほど「ネットでつながればいいじゃないか」と考えているのではないかと思っていましたが、自由学園の生徒たちは生身の体でつながることが大事だと意識しているようですね。

高橋　たとえば生徒の出席管理を、選挙で選ばれた高校二年生の副委員長が行っていることも、〝つながり意識〟を育む一つの要素かもしれません。副委員長が学校全体で、体調のすぐれない人が何人いるかを把握しているのです。

そのなかにはいろんな事情からオンラインで授業に参加する人もいれば、寮で寝ている人もいる。そういったことも含めて細かくチェックしています。つながりが薄いと、気づかれない可能性もありますから、とても大切なことだと思っています。

養老　自由学園はしっかり「共同体」として存在しているから、そのなかで子どもたちがいっしょになって行動しようという気持ちになるのでしょう。いまの日本にはそういう「共同体意識」がかなり欠けているように見受けます。

一人でいることを好む生徒もいる

養老　日本人は戦後、個人的行動を好むようになり、共同体の一員として、あるいは共同体のみんなで助け合って行動することを、「封建的」とか「古い」といった言葉で壊してきました。老人の孤独死や若者の自殺などは、その延長線上で出てきた問題でしょう。周りに人がいて、頻繁にコミュニケーションがとれていれば、起こりにくいと思うのですが。日本人は、もともとあった人と人とのつながりを、わざわざ壊して、ばらばらにしたんですよね。

高橋　おっしゃる通り、「共同体」意識の薄れた社会が抱える問題は、本当に深刻だと思います。個人主義的な思いが近代社会を形成してきた、というふうに見ることもできます。

でもいまの若い人のなかには、コロナ禍前にすでに「つながりを大切にする生き方をしたい」という思いを強くしている人が増えていたのではないでしょうか。それがまたコロナ禍で打撃を被ったわけですが、いま養老先生とこうしてZoomで対談させていただいているように、オンラインという手段をプラスに活用することができるようにもなりました。新しいつながり方の可能性が見えてきた、とも感じています。

――自由学園には、人とつながることに対して「うっとうしい」「イヤだ」と思う生徒はいないのでしょうか。

高橋　もちろん、一人でいることを好む生徒もいますし、誰もがそう思うことがあると思います。常に「みんながいっしょに行動するのはいいことだ」というのが前提になっていると、同調圧力のなかで苦しむことになります。

そういったことを踏まえて、「一人ひとりがみんなのなかで自分らしくあるというのはどういうことか」「自分の自由とみんなの自由はどのように両立できるのか」を常にみんなで問い直す必要がある。生徒たちはことあるごとにこの問題にぶつかり、そのたびに話し合いを行っています。私もこれを大切な課題と捉えています。

机と椅子も生徒自身がつくる

――自由学園では、男子部の生徒が自分たちの使う机と椅子を自分たちでつくる、とお聞きしました。それはなぜなのでしょうか？

高橋　まず、女の子の学校としてスタートした当初に、自分たちの昼食を自分たちでつく

生徒自身が机・椅子などをつくる

り、自分たちの着る服は、自分たちでつくるということを始めました。机上の知識だけではなく、手を使って楽しみながら、苦労しながら学び、自分の生活をつくる実力と自信を与えたかったんですね。それが原点です。昼食づくりについては先ほどお話ししましたが、洋服づくりについては、当時はまだ和装が中心だったので、ぜひ動きやすい洋装を取り入れたかった。そこで洋服という新しい文化を取り入れるに当たって、どのようにしてつくられるものなのか、自分の手を動かして理解することを重視したのです。

自由学園の教育の土台には、「自分のことは自分でするのが自立の始まりである」とする考え方があります。「お金を出してやってもらえばいい」ではなく、「自分のことは自分でやる、できる」人――本当の意味で生活の土台がわかっている人として、社会をつくる人になることが必要である。そういう考えです。

一九三五（昭和十）年に男子部ができたときのモットーは「思想　技術　信仰」。頭と手と心をともによく働かせようという目標です。この実践には、たとえば自転車の分解組み立てがありました。部品を英語で覚え、ギヤの仕組みから数学、倒れないで走れるのはなぜかと物理的に理解し、メッキ塗装をしつつ化学を学ぶといった具合です。大工さんを呼んで校舎も自分たちで建てさせています。机と椅子づくりもその一環です。「可能な限りできることは自分たちでやって、自分たち自身で学校をつくる。自分たちの生活をつくる」と実感することが、自らの手で生活や社会をつくっていこうという気概のある人間を育てることにつながると思っています。

体を持て余す日本人

養老　手を使うことは大事です。私は解剖学を教えていましたが、実習が中心で、講義は年に一度くらいのものでした。医学も理屈通りにはいかない、解剖を口で説明してもしょうがない、体を使って学んだことでないと身につかない、と思っていましたから。それに、講義をすると、学生は寝てしまうけれど、実習ならさすがに寝る子はいませんね（笑）。

また実習をさせると、学生にやる気があるのか、ないのかが、とてもよくわかります。言葉で答案を書くのと違って、実際に手を使ってやることはごまかしがききませんしね。

三十年くらい前に、すでにメスすらちゃんと使えない学生がいて、困ったことを覚えています。メスは鉛筆持ちしないと使えないのに、包丁みたいに持つんです。大学生になるまでに、いったい何を教わってきたのかとあきれるやら、腹立たしいやら。つい「ここは幼稚園じゃないんだぞ」と声を荒らげてしまいました。でも若い助手から、「先生、いまの若い人はこんなものですよ」と説教されました。

一事が万事、現代人は本当に手を使わなくなりました。私の印象では、体を持て余している感じですね。戦後、子どもたちの体がどんどん大きくなってきたせいかもしれません。よく電車のなかなどで足を投げ出して座っている若者を見ると、大人は「行儀が悪い」と眉をひそめます。私はそうじゃなくて、体を持て余しているだけだと思うのです。上手に体を使うことが、もう伝統ではなくなってきているような気がします。でもやはり、体を使うことは教育に取り入れるべき重要な要素でしょう。

高橋　そうですね。手で木材を触って、ノコギリで切ったり、カンナで削ったりする手作業を通して、あるいは「面をきちんと直角に合わせなければ、引き出しが入らないんだ」などと失敗しながら学ぶことで、物づくりの原理を経験的に理解できます。「本物の知識」になるのです。

そういった経験から、生徒たちは売っている物がきちんとつくられているかどうか、見る目が養われていると思いますね。逆に、「これほど手のかかった物が、どうしてこんなに安く売られているんだろう」と疑問に思う、そんな発想も生まれますよね。

また幼稚園生から大学部の学生まで、それぞれ野菜づくりもしていますから、天候が収穫にどう影響するか、どのように手をかければいい作物が育つかなど、いろんな学びが得られます。そうすると、スーパーの棚に並んでいる野菜を見る目が違ってきます。単純に「安く買えればいい」とはなりません。消費するだけではなく、「つくる人」としての土台が育まれるのです。

このように、さまざまなものづくりを経験することを通して「手と頭がつながる教育」をしていくことは、非常に重要なことだと確信しています。

養老　一つ、付け加えると、手を動かすことは高齢者にとっても大事です。私などはこの年になっても虫の標本をつくっていて、相当細かく手先を使います。また、大変小さなものですが、たとえば足が一本取れてくずかごに落ちると、紙に当たった音が聞こえます。細かい作業をしていると、そのくらい人間は敏感でいられるのです。

だから子どもからお年寄りまで、五感の訓練と運動の訓練はやったほうがいい。というよりやらせてあげたほうが、本人もハッピーじゃないかと思いますね。何と言っても教育は一生のものですから。教育は、子どものときだけ受けるものではありません。

高橋　前に少し触れましたが、自由学園には、四十五歳以上の方々を対象とする「リビング

育てた米、野菜、豚の肉は学内で料理し、感謝していただく

アカデミー」という学校があります。「生涯の生活のなかにこそ真の教育がある」という教育理念の下に、ともに学び、みんなと交わり、そして楽しみ、活動を通して社会に役立つことを目指しています。現在、一二〇人を超える生徒さんの平均年齢は七十歳くらい。最初は一年コースのつもりでしたが、もう何年も続けている方もいらっしゃいます。

養老先生が勧められているように、自然の植物を使った染め物や、学校内の木を利用した木工、お料理、野菜づくり、鳥の観察など、手先と五感を使うカリキュラムも充実しています。まさに「学びは一生」とばかりに、みなさん、生き生きされています。

植林を始めて七十年、生徒が植えた木で校舎を建てた

――ずいぶん昔から、植林活動をされていますね。

高橋　いまお話しした「手と頭がつながる教育」のなかでも、もっともスケールの大きな取り組みです。

なにしろ植林を始めたのは一九五〇年、もう七十年以上も前のことです。場所は埼玉県の奥の、いまは飯能市《はんのうし》に組み込まれている名栗《なぐり》というところ。高校三年生が二週間かけて、十

1950年から続く生徒・学生による植林・育林活動

ヘクタールの山にスギとヒノキを合わせて二万四〇〇〇本植えました。植林した傾斜地を下ったところにある沢のそばに建てた山小屋も、生徒たちの手づくりです。

　このとき、吉一は生徒たちに「三十年後、君たちが四十八歳になるころに、今日植えた木は伐《き》り出せるまでに育つ。それで校舎をつくるんだ」と言ったそうです。そんなことを言われても、何のことだか、想像もつかなかっただろうと思います。

　また五十年ほど前には、三重県の海山《みやま》町《ちょう》（現・紀北町《きほくちょう》）で植林を始めました。こちらは最高学部の学生が地元の方にご指導いただき植えています。ヒノキを九万本です。

大根などの野菜であれば数カ月で育ちますが、三十年となれば途方もない話に聞こえるのではないでしょうか。

けれども二〇一七年、本当に校舎が建ちました。「自由学園みらいかん」という、未就園児や初等部の子どもたちが利用する施設です。七十年かかりましたが、その間、生徒たちは代々ずっと手をかけ続けたのです。名栗の森はいま、飯能市がモデル林にして、市民のみなさんも使えるようにしようと、林道を通しました。そこに気象観測機器を設置したり、伐り出した木材で校内の畑に流れている川に橋を架けたりなど、木の新たな活用が進んでいます。

紀北町で当初からご協力いただいている速水林業さんは、「百年の森、三百年の森にしましょう。教育の森だからこそできることがありますよね」と言ってくださいました。実現したらいいなと夢見ています。

自由学園みらいかん

加えて一九八〇年代後半には、植林活動を海外・ネパールにまで広げました。いまも「ネパールワークキャンプ」として続けられ、コロナ禍前までは最高学部の学生たちが毎年三週間くらい、現地で作業を行っていました。こちらも三十年以上たって森が生まれています。

養老　なんだかほっとするお話ですね。実はいま、イギリスの生物学者ローランド・エノスが書いた『「木」から辿る人類史』（ＮＨＫ出版）という本を読んでいて、人類の歴史は本当に木と深く結びついていると再認識したばかりなんです。

歴史は従来、石器に始まって青銅器、鉄器など、使った道具の素材を中心に時代区分されていますが、すべてのおおもとは「木」なんですよね。ただ木は腐ってしまうから残っていないために、ちょっと忘れられているところがあります。そういった当たり前の歴史を思い出すためにも、木に触れるのはいいことだと思いますね。

ちなみに私がいま使っているこの木の机は、もともと犬養毅《いぬかいつよし》さんの持ち物でしたが、やっぱり木はいいですね。触っていて気持ちがいい。

いつ、誰の役に立つのかわからないことをやるのが、国の役割

養老　私も森のことに関わっていて、なかでもすごいと感動したのは「神宮の森」です。ご存知のように、あの森は東京の真んなかにつくられた人工の森です。林学者や造園家たちが「百年を経て自然の林相になる」ことを目指して英知を結集したのですから、壮大なスケールです。

「神宮林」と呼ばれる伊勢神宮の森もそうですね。式年遷宮といって、二十年に一度、社殿と神宝を新調して、天照大御神《あまてらすおおみかみ》に新宮におうつりいただく祭事があります。そのときに使われる新宮のもっとも神聖な心御柱《しんのみはしら》は、この神宮林から伐り出した、樹齢二百年のヒノキです。

そもそも神宮林は、将来の遷宮を視野に入れ、造営用に必要な木材を自給自足することを目標につくられました。自由学園の植林もそうですが、時間の単位が何十年、何百年ですから、物事を「長い目で見る」という視点も育まれますね。

高橋　そうですね。生徒たちが実際に植林活動に関わるのは、自分が在学しているときの、ほんの数年間です。それも世代によっては、そのときにする作業が寝泊まりする山小屋の屋根にトタンを張ることだったり、伐り出した丸太を担ぎ出すのに使う林道の地固めだったり、非常に地味な作業である場合も多いのです。たぶん生徒たちは、何十年も先のことをイメージして、こうした作業をしてきたわけではないような気もします。

しかし大事なのは、森づくりに力を注いだこと、まだ見ぬ未来につながる活動の一部に携わる、という経験をしたことです。この森づくりに関わった卒業生に「植林の醍醐味は、結果が自分自身に返ってこないことだ」と言った人がいます。そういう感覚を持つことが、世の中の役に立つことは何だろうと考える発想と、どこかでつながるのではないかと、ハッとさせられました。

思えば、教育も同じですね。結果が自分に返ってくることばかり求めていると、自分の利益になることだけをしようという発想になります。自分を超える価値や理想に触れていくことが、未来の社会をつくる生徒たちが育つうえで大切だと、私は思っています。その意味で、学校そのものが理想を求め続けていくことを大切にしたいと思います。

養老　同感です。学問や研究というのは本来、即座に結果が出るものではない。ところが科学研究にもお金がかかるものだから、研究費の申請に際しては、何の役に立つかを明確に示さなければならなくなった。私はそんなふうに結果で研究内容を限定されるのが窮屈だし、どう出るかわからないのに結果をあたかも確実に出るかのように書類を書くことに抵抗があるので、「いりません」と言うしかない。とはいえ自分で研究費を稼げるかというと、どうしても限界があります。

そんなこんなでこの年になって、ようやく気づきました。国とか政治は、「いつ、誰の役に立つかわからないこと」を長い目で見守り、応援していかなくてはいけないということに。長年、「参議院は五十年より手前のことは考えない議会にしろ」と言ってきたのは、そういうこと。国の運営には、長い目で見ることが必要だということです。

とりわけ教育は、そういう姿勢が求められる、一番身近な問題だと思いますね。十年、二十年先には大人になって、国を、世界を背負っていくのですから、どういうふうに子どもたちに育ってほしいかを考えれば、おのずと教育の重要性がわかるはずです。

子どもは「人材」ではない

――卒業生はどのように活躍されていますか？

高橋　自由学園に関心を持ってくださる方からしばしば「自由学園の学びはおもしろいが、卒業した後どうなるんだろう」とご質問をいただきます。

そんなこともあって、私は二〇一六年に学園長になって以降、「卒業生一〇〇人にインタビューをし、その生き方を自由学園ホームページで紹介しよう」と決めました。それもインタビューの相手は、すでに功成り名遂げた六十代、七十代の方ではなく、三十代、四十代が中心です（「自由学園一〇〇人の卒業生＋《プラス》」インタビュー）。

そのインタビューが二〇二一年十二月、ついに一〇〇人に達しました。私自身、まずとてもうれしく思ったのは、実に多様な分野で卒業生が活躍しており、それぞれ自分自身を大切にして、信念をもって生きているということでした。また多くの卒業生から「社会を良くする」という言葉が出たことには心強さを感じました。「え、そんな文脈でその言葉が出ますか？」というようなところで自然にポロリとこぼれることもありました。

いろいろな企業の方にお話しいただきましたが、どんな仕事についていようとも、徒《いたずら》に社会に呑み込まれたり、翻弄されたりすることなく、ずっと「良い社会って、何だろう」「自分が本当にしたいこと、できること、すべきことは何だろう」と考え、歩み続ける。そこに自由学園の卒業生の一つの特徴があるように思いました。ほかにも楽器づくりに取り組む人、警察官、新聞記者、牧師、演奏家など、さまざまな分野で活躍しています。

たとえば八百屋さんを営む卒業生は、長野県・安曇野《あずみの》で地域の農家さんとつながりながら、本当にいいものが循環する地域づくりに取り組んでいます。子どもたちといい野菜をいっしょに食べて、食と地域の循環を考える料理塾も開いているそうです。また看護師さんになって、国際看護に関わりたいと世界に飛び出した人は、貧困や社会的理由で医療を受けるのが難しい人の力になりたいという強い信念を語ってくれました。

自由学園の入学式では入学した子どもたちに学園長が、「君たちは自由学園を良くするために入学してきたんだよ。そうすることがやがて自分の所属する社会を良くすること、世界を良くすることにつながるんだよ」という話をします。そうして自由学園の創立の精神を伝えているのですが、五年におよぶ「一〇〇人の卒業生＋」インタビューを通して、卒業生がそれぞれの場にあって、真摯に、よく生き、良い社会を創る生き方を追求していることが実感でき、私自身が本当に励まされました。

養老　いいですね。教育の根底に「良い社会をつくる」という思想を据えながら、一方で子どもたちが自分の頭で「良い社会とは何だ」と考える。それは、上から大人の価値観を押しつけずに、一人ひとりの生徒たちとていねいに向き合わないとできないこと。そこがすばらしいと思います。

子育てとか教育というのは、手間暇かかるものなんです。教師にすれば、生徒一人ひとりの違いなんか無視して一律に、システマティックに教えたほうが楽でしょう。でも教師には間違っても、「こうしたほうが楽だ」という考え方はしないでいただきたい。

高橋　まったく同感です。私も子どもが苦労しながらその子ども自身になることを認め、励ましたい。逆に言えば、大人の尺度で子どもの考えや気持ちをねじ曲げてはいけないと思っています。

世界中に何億人の人がいようとも、自分自身はこの広い世界にたった一人しかいない。そのたった一人の自分だけが実現できる、文字通り「かけがえのない人生」を生きるために、子どもたちは神様から命を与えられている。そのことを守り、伝え続けるのが教育の使命ではないでしょうか。

教育を語るときに、よく「人材」という言葉が使われます。たとえば「国が求める人材を育てる」「グローバルな人材を育てる」というふうに。もちろん国がどんな人間を求めているかは、まったく無視することはできない問題ですが、私は違和感を覚えます。「子どもは人材ではない、人間である」と考えるからです。

養老先生の著書からはいつも、「人間が人間であることが大事だぞ」というところを学ばせていただいています。私たちの学校も「子どもたちは人間であり、自由な主体として生きる一人格である」という当たり前の視点で教育をする学び舎でありたいと思っています。またぜひ学校のほうにいらしてください。

PHP新書
PHP INTERFACE
https://www.php.co.jp/

(撮影：稲垣徳文)

養老孟司［ようろう・たけし］

1937年、鎌倉市生まれ。東京大学医学部卒業後、解剖学教室に入る。95年、東京大学医学部教授を退官し、同大学名誉教授に。89年、『からだの見方』(筑摩書房)でサントリー学芸賞を受賞。
著書に、『唯脳論』(青土社・ちくま学芸文庫)、『バカの壁』『超バカの壁』『「自分」の壁』『遺言。』『ヒトの壁』(以上、新潮新書)、『日本のリアル』『文系の壁』『AIの壁』(以上、PHP新書)など多数。

構成：千葉潤子

子どもが心配
人として大事な三つの力

PHP新書 1298

二〇二二年三月 一 日 第一版第一刷
二〇二二年七月二十五日 第一版第八刷

著者――養老孟司
発行者――永田貴之
発行所――株式会社PHP研究所
東京本部――〒135-8137 江東区豊洲5-6-52
第一制作部 ☎03-3520-9615(編集)
普及部 ☎03-3520-9630(販売)
京都本部――〒601-8411 京都市南区西九条北ノ内町11
組版――アイムデザイン株式会社
装幀者――芦澤泰偉＋児崎雅淑
印刷所
製本所――図書印刷株式会社

ISBN978-4-569-85139-6

PHP新書刊行にあたって

「繁栄を通じて平和と幸福を」（PEACE and HAPPINESS through PROSPERITY）の願いのもと、PHP研究所が創設されて今年で五十周年を迎えます。その歩みは、日本人が先の戦争を乗り越え、並々ならぬ努力を続けて、今日の繁栄を築き上げてきた軌跡に重なります。

しかし、平和で豊かな生活を手にした現在、多くの日本人は、自分が何のために生きているのか、どのように生きていきたいのかを、見失いつつあるように思われます。そして、その間にも、日本国内や世界のみならず地球規模での大きな変化が日々生起し、解決すべき問題となって私たちのもとに押し寄せてきます。

このような時代に人生の確かな価値を見出し、生きる喜びに満ちあふれた社会を実現するために、いま何が求められているのでしょうか。それは、先達が培ってきた知恵を紡ぎ直すこと、その上で自分たち一人一人がおかれた現実と進むべき未来について丹念に考えていくこと以外にはありません。

その営みは、単なる知識に終わらない深い思索へ、そしてよく生きるための哲学への旅でもあります。弊所が創設五十周年を迎えましたのを機に、PHP新書を創刊し、この新たな旅を読者と共に歩んでいきたいと思っています。多くの読者の共感と支援を心よりお願いいたします。

一九九六年十月

PHP研究所